HUGH PRATHER

Não leve a vida tão a sério

Pequenas mudanças para você se livrar de grandes problemas

9ª Edição

SEXTANTE

tradução
Beatriz Sidou

preparo de originais
Débora Chaves

capa
Silvana Mattievich

projeto gráfico e diagramação
Marcia Raed

revisão
Antonio dos Prazeres
Sérgio Bellinello Soares

fotolitos
RR Donnelley Mergulhar

impressão e acabamento
Cromosete e Editora Ltda.

Miolo impresso em Chamois Bulk Dunas 90g/m²

CIP-BRASIL. CATALOGAÇÃO-NA-FONTE
SINDICATO NACIONAL DOS EDITORES DE LIVROS, RJ.

P925n Prather, Hugh
Não leve a vida tão a sério
/ Hugh Prather ; [tradução de Beatriz Sidou].
– Rio de Janeiro : Sextante, 2003

Tradução de: The little book of letting go
ISBN 85-7542-047-X

1. Paz de espírito. 2. Paz de espírito – Problemas, questões, exercícios.
I. Título.

02-2213. CDD 158
CDU 159.98

Editora Sextante (GMT Editores Ltda.)
Rua Voluntários da Pátria, 45 – Gr. 1404 – Botafogo
22270-000 – Rio de Janeiro – RJ
Tel.: (21) 2286-9944 – Fax: (21) 2286-9244
Central de Atendimento: 0800-22-6306
E-mail: atendimento@esextante.com.br
www.esextante.com.br

Para Gayle, com amor

(Este livro foi fruto de trabalho de equipe. Gayle contribuiu com o título, o tema e idealizou a maioria dos conceitos. Eu escrevi.)

Sumário

O rio e o leão

Depois de uma grande enchente, o leão viu-se cercado por um rio e ficou sem saber como sair dali. Nadar não era de sua natureza, mas só lhe restavam duas opções: atravessar o rio ou morrer. O leão urrou, mergulhou na água, quase se afogou, mas não conseguiu atravessar. Exausto, deitou para descansar. Foi quando escutou o rio dizer:

— Jamais lute com o que não está presente.

Cautelosamente, o animal olhou em volta e perguntou:

— O que não está aqui?

— O seu inimigo não está aqui — respondeu o rio. — Assim como você é um leão, eu sou apenas um rio.

Ao ouvir isso, o leão, muito sereno, começou a estudar as características do rio. Logo identificou um certo ponto em que a correnteza empurrava para a margem e, entrando na água, conseguiu boiar até o outro lado.

Um

Primeiros passos rumo ao desprendimento

Na natureza humana, todos buscamos a simplicidade e a verdade. Mas as mensagens que recebemos nos impelem à guerra: "Fique ressentido com o passado", "Seja ansioso em relação ao futuro", "Tenha apetite pelo que você não vê", "Sinta insatisfação com o que vê", "Sinta culpa", "Seja correto", "Esquente a cabeça".

No mundo animal, não há necessidade de conquistar mais do que se tem. A simplicidade da chuva, a luz de uma estrela, a leveza de um pássaro, a persistência de uma formiga — tudo isto simplesmente é.

Tudo é uma questão de ponto de vista. Afinal, cuecas espalhadas no chão podem acabar com um casamento... mas, aos olhos dos cachorros, elas não seriam motivo para briga, e sim para brincadeiras. A maioria dos animais desfruta uma enorme liberdade e pureza, características que, acredito, nós também podemos experimentar. Basta relaxar a mente e, aos poucos, reaprender a desfrutar a integridade, felicidade e simplicidade perdidas.

Muitas vezes rejeitamos as pessoas que estão em nossas vidas, não sabemos se as queremos ao nosso lado, desejamos estar com outras pessoas, imaginamos se e até quando esse relacionamento vai durar — e por aí vai. O resultado dessas inquietações é que, quando nos preocupamos com o que queremos ou não de alguém ou com o que aprovamos ou não nessa pessoa, deixamos de ver sua bondade, sua astúcia, sua delicadeza, sua tristeza ou seja lá o que for que ela tenha a oferecer. Isso complica desnecessariamente as nossas vidas e bloqueia a alegria de viver e a paz de espírito.

JOHN E O CAMINHÃO

Nosso filho, John, tinha dois anos quando fomos morar em Santa Fé, Novo México. Um dia, estávamos na calçada, esperando o sinal abrir, quando um caminhão enorme começou a virar a esquina bem no instante em que o sinal ficou verde. Tive que aguardar o caminhão passar. Nesse momento, ouvi John dizer:

— Caminhão grande!

Olhei para baixo e vi que seus olhinhos estavam brilhando de prazer. Olhei novamente para aquele enorme caminhão que passava tão perto que poderia tocá-lo se desse um passo à frente. E, finalmente, vi o caminhão em toda sua majestade. Parecia a nave de um filme do tipo *Guerra nas Estrelas*.

Não havia percebido isso antes. Talvez porque estivesse pensando que aquele caminhão não deveria estar ali atrapalhando meu caminho, ou que eu tinha algo bem mais importante a fazer do que esperá-lo passar. Esses pensamentos impediram que eu aproveitasse o prazer daquele momento, de pé, na calçada, ao lado de meu filho, segurando sua mãozinha. São o que chamo de pensamentos desnecessários — o tipo que as criancinhas têm pouquíssimos, se é que têm algum, e, por isso, em geral, são objetivas e felizes.

Uma mente tranqüila vê o que está aqui. Uma mente ocupada vê o que não está aqui. Aquele que está pre-

> sente é nada mais, nada menos, do que aquele que está presente. Portanto, você pode pensar o que quiser sobre as pessoas, mas saiba que isso não vai transformá-las.

Nossa vida é cheia de batalhas inúteis exatamente porque nossa mente é cheia de pensamentos inúteis. Sofremos por histórias infelizes do passado como se elas ainda estivessem acontecendo e temos o hábito de ficar ruminando sobre o que acabamos de fazer. É preciso esvaziar a mente. Quando não conseguimos nos desvencilhar dos pensamentos negativos, eles diminuem nossas chances de ser feliz.

É o caso da sogra que não consegue aceitar seu genro porque ele é do tipo que usa uma porção de brincos, um piercing no nariz e algum escondido em outra parte do corpo. Ela está apenas atacando sua própria capacidade de amar. Sua rejeição não mudará o genro, nem o amor que sua filha sente por ele — apenas a afastará do amor da filha.

CACHORRO-QUENTE

Há mais ou menos uma hora, nosso filho Jordan me perguntou se eu poderia "fazer um cachorro-quente do jeito que a mamãe faz?" Parei de escrever e fui até a cozinha onde John, que está com vinte anos, me perguntou se eu poderia dar uma olhadinha numa proposta de negócio que ele esboçara para sua aula de contabilidade. Minha mulher, Gayle, não estava em casa.

— Assim que eu fizer o cachorro-quente do Jordan — disse eu.

— Ah! Ótimo! Não quer fazer um pra mim também? — disse John.

— Está bem — respondi, secamente.

Aborrecido com a minha própria atitude, levemente hesitante

entre parar de escrever sobre paz e bondade e praticá-las, coloquei as salsichas de frango para ferver no molho, enquanto pensava no tremendo paradoxo que estava vivendo.

Ali estava eu pensando em como não conseguia fazer o que queria fazer, me perguntando onde Gayle e eu havíamos errado, já que os nossos filhos não conseguiam fazer seus próprios cachorros-quentes. Ao mesmo tempo, eu me sentia satisfeito pela decisão de deixarmos os meninos decidirem se queriam ou não ser vegetarianos e me questionava se uma galinha criada em confinamento era mais saudável do que uma galinha caipira...

Num certo sentido, nós temos duas mentes: uma, íntegra e tranqüila; a outra, fragmentada e ocupada. Eu, com certeza, tinha acionado a mente ocupada.

> Se fosse possível resumir todos os ensinamentos espirituais numa única frase, esta chegaria bem perto: "Faça com que seu estado mental seja mais importante do que o que você estiver fazendo."

Tenho praticado o suficiente para saber que o ato de esvaziar a mente e deixar os pensamentos fluírem é bem melhor e mais saudável do que a sensação oposta. Embora já tivesse dado alguns passos na direção certa, sentia que meu estado de espírito ainda não estava completamente em paz. Por que eu tinha que passar por essa pequena provação? Por que não se pode fazer com alegria meia dúzia de pequenas tarefas?

Meu erro foi ter deixado as circunstâncias serem mais importantes do que o meu estado de espírito. Agora, para reverter isso, era preciso desbloquear minha mente. Para isso, era necessário cumprir três etapas:

Primeira: *Para eliminar o que impede a experiência de plenitude e paz, você precisa examinar o impedimento.*

Para falar a verdade, eu não estava exatamente irritado por ter interrompido meu trabalho para fazer os cachorros-quentes, apenas me sentia um tanto chateado com a sensação de que estava deixando de fazer coisas importantes e, claro, em conflito por estar experimentando todos esses sentimentos.

Quando me aprofundei no que estava sentindo, encontrei o pensamento que estava bloqueando tudo: "Eu não deveria ter de fazer o que não quero fazer." Mas, logo me dei conta de que nem mesmo eu acreditava nessa idéia. Faço coisas que não quero fazer o tempo todo e, neste caso específico, eu queria fazer a comida dos meus filhos e queria ler a proposta de John.

O.k. Etapa 1 resolvida.

Antes de entrar na etapa 2, quero destacar um aspecto essencial dessa dinâmica. Percebi que, na tentativa de entender o que eu realmente queria fazer, eu teria sabotado todo o processo de desprendimento se houvesse desejado que os meus filhos ou a situação mudassem.

Sempre que desejamos que as pessoas mudem ou que as circunstâncias nos sejam favoráveis, estamos, de alguma forma, nos eximindo da responsabilidade por nosso estado mental. É como se assumíssemos o papel de vítimas e ficássemos torcendo para sermos poupados. Com certeza, existem vítimas de verdade, mas, em geral, nos colocamos desnecessariamente neste papel. E fazemos isso todos os dias.

Quando o objetivo é manter o senso de integridade, independente do que acontecer à nossa volta, não nos tornamos vítimas. Nada fica "fora de controle" se quisermos. Somos nós que deixamos as pessoas e as situações serem quem são e o que são. Isto não quer dizer que aprovamos a maneira como se comportam e também não significa que deixamos de nos proteger das pessoas destrutivas.

Não sei se você já percebeu a freqüência com que os motoristas se colocam em risco só para dar uma liçãozinha a um outro motorista. É comum acelerarem para mostrar ao outro que não é correto mudar de pista, ou grudarem atrás de quem está indo muito devagar ou mesmo não deixarem espaço para aquele carro que forçou a entrada bem na sua frente depois de uma ultrapassagem perigosa.

Esses "justiceiros do trânsito" são exemplos clássicos de vítimas. Só ficam satisfeitos se os outros motoristas demonstrarem que entenderam o recado. O problema é que pressionar os outros motoristas não muda seus corações. Apenas cria um conflito, que divide a mente e confunde as nossas emoções. Ninguém em tempo algum se tornou mais sensível ou mais ponderado por ser julgado, maltratado ou atemorizado.

Segunda: *Para superar o bloqueio, você precisa ter muita clareza do que quer.*

Esta etapa parecia fácil. Afinal, eu queria fazer os cachorros-quentes, atender o pedido de meus filhos e ser capaz de alterar minha agenda de trabalho — tudo isso em paz.

Para falar a verdade, eu ansiava pela paz mais do que o pensamento que a estava bloqueando. Refleti sobre minha sinceridade a respeito de tudo isso. Achei que estava bem sólida. O.k. Etapa 2 resolvida.

Terceira: *Para atingir a plenitude, você deve reagir a partir da mente íntegra, não da mente em conflito.*

Esta etapa já soava mais difícil. Para começar, era preciso descobrir a plenitude que existe dentro de cada um de nós. Que todos nós a possuímos é fato, mas trazê-la à tona é outra história. Em geral, nos sentimos em paz quando estabelecemos uma ligação amorosa com as outras pessoas. Mas, se a mente arrisca um pensamento perturbador e se as duas primeiras etapas desse processo não forem realizadas com sinceridade, corre-se o risco de escorregar e cair novamente no velho estado mental conflitante.

Para evitar esse risco é preciso agir com pureza de alma. Será que sinceramente desejamos a paz aos que estão à nossa volta? Será que sinceramente desejamos uma mente que conheça a serenidade e que tenha uma profunda ligação com nosso parceiro(a), com nossos filhos, pais, irmãos e amigos? Ou seria melhor resguardar nosso coração e permanecer em posição de julgar e de estar sempre com a razão?

Neste ponto, a terceira etapa pode se tornar um tanto complicada, especialmente se surgir a tentação de controlar nossas emoções mais destrutivas e impulsos mais sombrios. Esses sentimentos de fato exigem controle, mas a verdade é que não se está em guerra com as circunstâncias ou comportamentos e pensamentos. É exatamente o contrário. Quando se está numa batalha inútil, o melhor a fazer é abandonar o campo de batalha.

Uma boa ilustração de como isto funciona está na maneira como sentimos o amor. Todos nós já vimos exemplos desastrosos de pessoas que decidem ter ou adotar um filho porque desejam alguém que as ame. A razão pela qual não dá certo é que a criança tem sua individualidade e, por isso, quase sempre age de forma diferente da idealizada — assim começa a guerra.

Quem decide ter um cachorro ou um gato pela mesma razão termina criando a própria infelicidade. Inevitavelmente, o animal de estimação decepcionará. Nos relacionamentos românicos, todo mundo deseja encontrar alguém carinhoso, que compartilhe seus interesses, que satisfaça suas necessidades, que só tenha olhos para você e o adore até a velhice. Infelizmente, isso também não funciona, como demonstra a crescente taxa de divórcios.

A razão pela qual um bicho traz felicidade a seu dono, um filho a seus pais e uma mulher a seu marido, é que sentimos amor. Quando não se ama, o mais dedicado bichinho, planta, filho ou amante não tocará o nosso coração. Simplesmente não funciona assim.

> Por milhares de anos, nos disseram que o amor é maravilhoso. A maioria das pessoas acredita que ser amado é uma sensação maravilhosa. E é. Mas, antes de você conhecer "o amor", é preciso amar. Quando se ama, você recebe mais do que a sensação de ser amado. O apóstolo João disse: "Amai-vos uns aos outros, porque o amor é Deus. E todos os que amam nasceram de Deus e conhecem Deus. Os que não amam nada sabem de Deus, pois Deus é amor."

Como é fato que, quando as pessoas amam, elas ficam completamente envolvidas na sensação do amor, há pais e mães que se sentem felizes por ser amados por seus filhos problemáticos, seus bichinhos complicados e seus parceiros obesos. Encontramos casais muito idosos que, obviamente, não são mais atraentes como eram, mas conseguem enxergar e sentir a beleza do amor. Para que isto aconteça, basta acessar sua mente amorosa e tranqüila — não a mente ocupada e fragmentada.

Saiba que ninguém passa diretamente de uma abordagem conflitante para uma de pura unidade e paz. Para ser realista, fazer o melhor possível hoje já é ótimo. Basta um pequeno progresso a cada dia, afinal, é o rumo que importa. Este é, sem dúvida, um objetivo mais estimulante e mais produtivo do que tentar a realização total e plena.

A história a seguir mostra o que acontece quando usamos a mente tranqüila ou a mente conflituosa.

CORRERIA NO CORREDOR

Gayle e eu estávamos saindo de um ginásio em que havíamos assistido a nosso filho, Jordan, jogar basquete. Seguíamos por um comprido corredor quando três meninas de uns oito anos passaram correndo, conversando e rindo animadamente. Quando cruzaram com o homem que estava à nossa frente, ele gritou com aspereza:

— Não corram pelo corredor!

O grito fez as meninas andarem devagar, quase parando. Quando passamos por elas, o sujeito estava quase fora de vista. Gayle, então, falou:

— Ele não disse que vocês não poderiam pular!

Imediatamente, as meninas começaram a rir e a pular pelo corredor.

— Não, ele não disse que a gente não poderia saltar e pular!

O que Gayle fez? Apenas reagiu com sua mente aberta e franca, e mirou na essência da inocência e do divertimento das meninas. Se ela tivesse criticado o homem, dizendo algo do tipo "Que rabugento! Acho que vocês deveriam correr se quiserem!", elas até teriam recomeçado a correr, mas de uma forma desafiadora ou amedrontada, não com a naturalidade de antes. Suas mentes estariam em conflito e elas se sentiriam inseguras.

Reagir criativamente mostra que os problemas que são importantes para os outros são importantes para nós. Não se deve subestimar, ou menosprezar, o medo e a perturbação que uma pessoa sente. Reagir com desdém ou irritação é uma demonstração de egoísmo. Para reverter isso, o primeiro passo é admitir o fato e refletir sobre ele. Depois, descobrir quais são realmente nossos sentimentos e buscar nossa individualidade e felicidade. Só então podemos demonstrar que alcançamos a plenitude.

Deixando para trás os problemas

Um exame rápido e honesto dos nossos sentimentos muitas vezes é o que basta para nos lembrarmos que é possível ficar com a mente livre de conflitos e preocupações. Normalmente, é preciso bem mais do que isto, mas ficamos tão presos a nossos sentimentos de correção, de certeza, de irritação, cinismo e afins, que esquecemos que podemos sentir de modo diferente.

Essa "prisão emocional" que nós mesmos criamos nos leva a perder inteiramente a fé no amor duradouro, no comprometimento e na paz. No início, o desprendimento parece uma tarefa temerária, até impossível. A sensação é de que passamos de um problema para outro, e assim sucessivamente. Preste atenção no seu dia-a-dia: é um problema atrás do outro, do qual obviamente desejaríamos nos livrar, mas raramente conseguimos.

As dificuldades são tão importantes para a vida das pessoas que acabamos definindo os que nos rodeiam a partir de seus problemas. Preste atenção quando estiver conversando com os amigos sobre alguém do grupo que não está presente. Quer de modo positivo, quer negativo, os problemas dessa pessoa serão realçados.

Isto também acontece com nossa auto-imagem. Temos a tendência a pensar em nós, até mesmo no significado da vida, do ponto de vista das dificuldades que encontramos.

Um bom exemplo de como isso funciona é a história de como fomos adotados por dois gatos de rua. Eles tinham o hábito de trazer um pedaço de cada passarinho, rato ou lagarto que matavam como demonstração de sua satisfação e confiança. Para mim, não era um problema limpar esses "presentes", mas, quando eu viajava, virava um fardo para o resto de minha família. O mesmo princípio se aplica quando me ocupo em responder e-mails. Para mim, é o tipo de trabalho que exige enorme concentração, enquanto para Gayle não exige grandes esforços.

Não tem nada a ver pensar que algumas pessoas têm uma vida realmente difícil, enquanto outras passam por ela incólumes. Todos nós já ouvimos falar de alguém que enfrentou uma terrível tragédia em relativa paz. No entanto, existem pessoas que mal conseguem lidar com a rotina e se sentem massacradas pela vida. Acontece tanta coisa num dia normal — ou melhor, no cotidiano há tanta matéria-prima para a mente se ocupar — que é difícil achar uma justificativa para a infelicidade.

> Os problemas nos atingem na medida da nossa preocupação. A chave para se alcançar a fluidez, o repouso e a liberdade interior não é a eliminação de todas as dificuldades externas, mas sim o desapego ao padrão de reação a essas dificuldades.

Nos últimos vinte e cinco anos de experiência com terapia de família, Gayle e eu não cansamos de nos surpreender com a aparente felicidade de muitas crianças pequenas que vivem em lares violentos. Em geral, são necessários muitos anos de trauma físico ou emocional para que este sentimento seja realmente destruído.

Pesquisas mostram que, mesmo em zonas de guerra, campos

de refugiados ou áreas de fome, grande parte das crianças mantém sua capacidade de brincar e ser feliz em meio a circunstâncias de horror impensável.

Para perceber a diferença entre a maneira como adultos e crianças abordam a vida, não é preciso ir muito longe — basta observar uma festa.

FESTA DE NATAL

No final dos anos 70, Jerry Jampolsky — o psiquiatra especializado em crianças que fundou o Centro de Tratamento pela Atitude — me convidou para a primeira festa de Natal da instituição.

Fiquei chocado com o que vi. Diante de mim estavam crianças em cadeiras de rodas e muletas, crianças com distrofia muscular e doença de Hodgkin, crianças com pernas amputadas ou paralisadas, crianças sem cabelo por causa da quimioterapia.

Ao mesmo tempo que olhava para aquela sala de horrores, senti que havia algo diferente no ar. A sala estava cheia de suas gargalhadas e risadas, as crianças estavam felizes, conversando umas com as outras. E era exatamente isso — sua atitude — que saía do padrão.

Logo me vi num grupo, conversando com uma adolescente chamada Lisa, cujo sonho era ser modelo. Lisa se apoiava em muletas de alumínio e metade de seu corpo, inclusive o rosto, estava paralisado por causa de um acidente de automóvel. Enquanto conversávamos, Lisa, de repente, perdeu o equilíbrio e caiu de costas. Quando conseguimos levantá-la, havia lágrimas de dor em seus olhos. Lisa deu um sorriso encabulado e disse:

— Pelo menos eu estou conseguindo ficar com o bumbum bem durinho...

"Ficar com o bumbum bem durinho" não é exatamente o que se espera ouvir numa situação dessas, mas qual reação seria mais adequada? Para mim, foi especialmente instrutivo observar que suas mentes sadias eram mais reais e mais importantes para elas do que o peso de seus corpos.

Copiar a abordagem infantil da felicidade não é se comportar como uma delas, mas sim ver o mundo como elas vêem. É abandonar as percepções estreitas e as respostas prontas. É admitir sem restrições que as pessoas à nossa volta são o que são e que estamos ali com elas para o que der e vier.

Transformar-se numa "criança" é abrir mão da responsabilidade de julgar e de estar certo em todos os momentos. Isso elimina os bloqueios e permite a ampliação de nossa capacidade de apreciar qualquer coisa ou, pelo menos, de estarmos serenos e em paz.

> Existem três coisas que você precisa abrir mão: julgar, controlar e ser o dono da verdade. Livre-se das três, e você terá a mente íntegra e vibrante de uma criança.

A principal característica das crianças pequenas é sua objetividade: elas mostram o que sentem e sabem o que querem. Claramente, elas estão ligadas à sua essência, seu instinto. Mas as crianças não são perfeitas ou invulneráveis. Na verdade, elas captam as lições positivas e as negativas que lhes são ensinadas e parecem escolher, principalmente, os medos inconscientes e as ansiedades dos adultos que estiverem a seu redor.

Mesmo que você, quando criança, não gostasse de determinada opção de vida escolhida por seus pais e tenha até decidido que não cometeria esse erro quando crescesse, certamente se flagrou, já adulto, dizendo as mesmas palavras ou agindo da maneira que queria evitar. Isto mostra como somos vulneráveis quando crianças.

Existem crianças que aprendem a ter suas próprias opiniões e até a sentir ódio, numa idade surpreendentemente precoce. Se você já viu isto acontecer, sabe que elas já perderam contato com sua felicidade e autoconfiança natural. Elas aprenderam a duvidar dos outros e aplicam essa lição em si mesmas. Se elas não são confiáveis, ninguém mais o é.

Só quando crescemos nos tornamos conscientes do que significa incorporar comportamentos e depois abrir mão deles. É a única maneira de assumirmos a responsabilidade pela paz e pelo bem-estar de nossas mentes.

Sem medo de ser feliz

Libertar-se de julgar e controlar não tem contra-indicações. Que mal poderia vir da simplicidade de não ter que ser outra pessoa e de não exigir que nossos amigos e nossa família sejam diferentes do que são? Precisamos apenas seguir nossa vocação, agir com naturalidade e liberdade, sem nenhum status ou atitude especial.

Que necessidade temos de erguer como bandeira da nossa verdade o dinheiro, a educação, a religião ou a raça? Que necessidade temos de nos mantermos isolados, fixados em traumas de infância? Os traumas acumulados são como poeira sobre a pele.

> Aqueles que nos deram as contribuições mais significativas e duradouras para sermos quem somos foram os que ousaram assumir seu lugar como iguais. O mundo olha, fascinado, para o brilho ofuscante do ego, mas somente os que caminharem ao nosso lado, com amor e igualdade, atingirão nossos corações e nos transformarão.

Libertação 1

Tempo sugerido: 1 dia ou mais

Da próxima vez em que estiver numa loja, num restaurante, num shopping center, no trabalho ou apenas caminhando numa calçada cheia de gente, escolha uma pessoa e experimente se transformar nela por alguns instantes. Como seria vestir suas roupas, ter aquele tipo de cabelo (ou não ter cabelo), caminhar da maneira como ela caminha (ou não poder caminhar)? Como seria fazer aqueles gestos? É verdade que as pessoas olham de lado ou em várias direções, como se estivessem um pouco inseguras, um tanto vulneráveis? O mundo lá fora é muito grande, imprevisível... Sem análise, sem inferioridade, sem condescendência, sem perspectivas, como seria sentir-se como essas pessoas e pensar como elas?

Experimente fazer isto hoje e, se gostar, faça essa brincadeira nos próximos dias. Talvez você se surpreenda ao perceber como tudo é banal. Talvez perceba que todos nós somos bastante parecidos e que estamos juntos nesse barco. Poderá, por outro lado, sentir-se um pouco triste ao avistar alguém que luta para se manter à parte somente para encontrar a solidão e o isolamento.

Dois

Livrando-se do lixo mental

Eliminar as toxinas do organismo e soltar a tensão nos músculos são procedimentos conhecidos na medicina holística. A necessidade de purificação física é tão forte que, como conceito, tornou-se a principal meta tanto nos autotratamentos quanto na medicina convencional. Um exemplo são as infinitas marcas de vitaminas e suplementos nutricionais anunciados como agentes de limpeza e purificação. Entre os adeptos de tratamentos alternativos as opções vão do jejum a dietas ricas em fibras e alimentos crus, até banhos de imersão com água salgada, exercícios de respiração, megadosagens de vitamina C e terapias à base de litros e mais litros de água.

Na abordagem corpo-mente-espírito, vale tudo para eliminar as forças negativas. No ritual cotidiano, pela manhã tomamos uma chuveirada e escovamos os dentes e, ao longo do dia, lavamos as mãos depois de cada ida ao banheiro. Em vez de água da bica, tomamos preferencialmente água mineral. Os sabões em pó que lavam nossas roupas contêm desinfetantes e usamos produtos antibacterianos para limpar a cozinha. Muitas casas e até alguns carros possuem sistemas de filtragem do ar.

Estamos aparentemente muito preocupados em limpar nossos corpos e o ambiente em que vivemos de tudo que possa prejudicar a nossa saúde e energia, mas, estranhamente, não sentimos a menor necessidade de esvaziar nossas mentes de tudo o que possa azedar nossas atitudes, bloquear a nossa intuição e arruinar nossos relacionamentos.

Que diferença faz se o corpo está sempre limpinho, desintoxicado e livre de germes, se nenhum ser vivo que este corpo encontra é confortado? Na verdade, acreditamos que nossos corpos são mortais e nosso espírito é eterno.

Nossas atenções estão voltadas para manter o exterior impecável. Saímos todos os dias com roupas limpas, cabelos lavados, dentes escovados, mas com a mente cheia de ansiedades mesquinhas, ressentimentos sombrios, perspectivas deterioradas, preconceitos venenosos e uma série interminável de auto-imagens ensebadas e puídas. Sequer nos incomodamos em varrer o lixo mental que produzimos diariamente, para não falarmos no entulho que acumulamos pela vida afora.

Vemos filmes e lemos histórias fantásticas a respcito da vastidão da mente. Falamos para as crianças sobre o "poder da imaginação". Participamos de seminários que falam sobre o imenso potencial ainda não utilizado de nosso cérebro. Trata-se de um trabalho genial de auto-engano, no qual acreditamos que tudo o que está em nosso espaçoso cérebro é útil, vale a pena guardar e está em bom estado.

Se observarmos de perto nossa mente por uma hora que seja, veremos que, em vez de uma caixa mágica, repleta de sonhos e maravilhas, é mais provável que ela se pareça com uma geladeira atulhada. Uma rápida incursão por uma prateleira qualquer revelará coisas tão velhas enfiadas lá no fundo que nem conseguimos lembrar o dia em que as adquirimos. De tão cheios de mofo e bolor, os recipientes com restos enfiados nos cantos parecem ter vida própria.

Para falar a verdade, os cantos de nossa geladeira mental criaram seus próprios reinos azedos e malcheirosos. Como o cenário é assustador, temos o impulso de colocar todas essas coisas bolorentas bem depressa de volta em seus devidos lugares, para manter a ilusão de que bem ali, na nossa querida geladeira, só existem sucos de laranjas ensolarados, mangas suculentas e verduras orgânicas bem fresquinhas.

Limpar mentes sobrecarregadas não é tarefa pequena. Leva um tempo e é preciso coragem, até porque, com certeza, você fará algumas descobertas desagradáveis. Em todo caso, quando as prateleiras estiverem limpinhas e organizadas de novo, cheias de alimentos frescos e nutritivos que deixam aromas delicados no ar, saberemos que fizemos um sacrifício muito pequeno para tanta riqueza.

> Este livro pede que você nade contra a maré da opinião dos outros: decida que a felicidade é parte essencial de uma vida bem vivida.

É curioso que seja necessário um verdadeiro trabalho de convencimento pessoal para obtermos a sensação de plenitude, paz e realização. Na verdade, é aceitável — e até esperado — que as pessoas dediquem muito tempo de suas vidas à acumulação, ao status profissional, à atração física, à aceitação social e até a prática de seu esporte favorito.

Mencione a busca do prazer e da tranqüilidade interior — e a maioria das pessoas dirá que são luxos e que não têm tempo para sair atrás "dessas coisas". Para elas, basta torcer para que algum dia a vida *pareça* bem-sucedida.

Se quer saber como é encher a sua geladeira com as coisas que você escolhe e não com as coisas escolhidas para você pela cultura e pela dinâmica da família, saiba que, em média, uma criança ri mais de 350 vezes por dia, contra dez vezes por dia para um adulto. Por quê? Porque as crianças chegam ao mundo com geladeiras limpas!

Sugiro que comecemos já. A primeira providência é avaliar quanto lixo mental somos capazes de produzir num só dia. Para isso, é preciso considerar apenas o mais inútil dos itens: a preocupação.

Atitudes provocadoras só atrapalham

Poucos estão convencidos de que a preocupação é um entulho mental inútil. De alguma forma, parece certo se preocupar. Afinal, já que todo mundo se preocupa, a preocupação deve servir para alguma coisa. O mesmo raciocínio se aplica para o fato de que, se todos fazem pequenas traições uns aos outros, a traição deve ser benéfica para a espécie humana. Mas não é verdade que todos os impulsos humanos têm um aspecto positivo.

> Para progredir espiritualmente, temos de admitir que cometemos erros, às vezes erros graves, e que possuímos algumas tendências que são perigosas e irracionais.

A "sabedoria do corpo" é altamente questionável, como qualquer pessoa que sofra de insônia ou de alergia pode atestar. A sabedoria do cérebro é igualmente questionável. Na verdade, o corpo, incluindo o cérebro, não reage a nada integralmente. O que é bom para uma parte do corpo muitas vezes é ruim para outra. O corpo se divide e subdivide de incontáveis maneiras e as tensões que essas partes mantêm entre si, em geral, são a causa fundamental de sua própria destruição.

Da mesma forma, a mente tem muitas partes, cada uma com seus próprios planos. Um exemplo: muitas vezes a mente anseia por algo e é repelida — seja dinheiro, doces, sexo ou lazer. Não podemos afirmar que, pelo fato de muitas mentes se preocuparem, elas o fazem por uma boa razão.

Nem toda tendência humana é racional, como demonstra o intrigante número de pessoas pelo mundo afora que precisam ser confinadas em prisões, penitenciárias e manicômios. O melhor é examinar as atitudes "provocadoras" de preocupação em nossa cultura para ver se há algum benefício em utilizarmos a mente dessa maneira.

Sete atitudes que causam preocupação

Atitude 1: "É natural preocupar-se"

Todos os dias construímos um santuário de preocupações e cuidadosamente veneramos cada um desses preciosos objetos. Existe sempre algo que está para acontecer ou uma questão relacionada à nossa saúde, sem contar alguma situação embaraçosa que tenha acontecido no dia anterior, ou mesmo há dez anos, mas que continua ocupando um lugar de honra no santuário.

É como se a nossa mente focasse em problemas, não em soluções; como se remoêssemos as questões, não as respostas. Note como somos rápidos em atribuir uma falha em qualquer solução que nos venha à mente, ou que alguém nos sugira, de forma que possamos continuar preocupados. Será que isto é "natural"?

Certamente, mas isto não significa que se preocupar seja benéfico. A preocupação não nos faz sentir mais confortáveis nem favorece melhores decisões. Ela fragmenta a mente, tira a concentração, distorce a perspectiva e destrói o bem-estar interior. A preocupação é um espécie de estresse auto-aplicado. A preocupação é o caos mental, não é nada agradável — ou seja, é puro lixo, mas lixo que nós acumulamos e aturamos todos os dias de nossas vidas.

Libertação 2

Tempo sugerido: 1 dia ou mais

Basta um dia para você provar a si mesmo a eficácia deste exercício — uma ferramenta que poderá ser utilizada com grandes resultados pelo resto de sua vida e que, na verdade, ilustra muitos dos conceitos fundamentais deste livro. Entre eles, o de que nosso ego é nosso desejo de estarmos sós, que a experiência de estar conectado ou em comunhão com alguém ou alguma coisa neutraliza o nosso ego. E de que a sinceridade (o foco, o compromisso) é a chave para nos desapegarmos com sucesso de qualquer coisa.

- Identifique uma linha de pensamento que esteja atormentando-o.

Isso é fácil. Talvez as duas preocupações mais comuns sejam algo que vive nos incomodando ou alguém com quem discutimos até em pensamento. A primeira diz respeito ao futuro: um medo do que pode acontecer. A segunda diz respeito ao passado: angústia em relação ao comportamento de alguém ou em relação à maneira como algum acontecimento se desdobrou.

É importante observar que as reações dos outros são o centro de nossa preocupação. Nossa mente não se prende a situações. Se fazemos algo realmente tolo enquanto caminhamos, podemos até rir disso, mas não vira uma idéia fixa — a menos, é claro, que o erro fique evidente quando retornamos. Nosso ego funciona de forma repetitiva, aumentando a distância entre nós e os outros:

- Da próxima vez que você notar que está entrando na linha

de pensamento que você já identificou, interrompa-a (simplesmente não a complete).

- Na seqüência, pense em qualquer coisa que tenha a ver com amor ou união.

Pense no seu cachorro, no jardim, no parceiro(a), nos filhos, nos amigos, num parente carinhoso ou mesmo em Deus. Abençoar, rezar ou mentalizar na pessoa que é objeto de sua preocupação também é uma energia muito forte. Contudo, se os seus pensamentos estiverem muito perturbados, você não terá forças para isso — neste caso, identifique o pensamento, interrompa-o e desvie seu foco para alguma imagem amorosa. Faça isto e você verá como é fácil desconectar uma linha de pensamento perturbadora. Em geral, um pensamento qualquer de união também resolve a questão.

Acreditamos que não é possível deixar de nos preocupar ou de emitir julgamentos, como se fosse possível combater essa intensa atividade mental nos revoltando contra nós mesmos ou procurando reinterpretar a situação. Para muitas pessoas, esta é uma abordagem mais delicada e racional do tema, mas, no fundo, o resultado é o mesmo: introduzimos uma nova interpretação para combater a primeira e assim dividir a nossa mente.

A verdade é que jamais acreditamos completamente nessa reinterpretação ("Ele provavelmente não queria ferir meus sentimentos; apenas gritam muito com ele no trabalho" ou "Ela talvez não estivesse tentando me tapear, apenas tem medo de não conseguir fazer o que tem de fazer..."), o que obriga nossas mentes a intensas idas e vindas, procurando decidir de que lado examinar a questão.

Enquanto isso, a linha de pensamento ansiosa ou crítica continua. A certa altura, desistimos dela e resolvemos simplesmente agüentar a perturbação, na esperança de que logo ela terminará. E assim passamos horas ou dias infelizes. Mas a coisa não acaba aí. Assim que uma preocupação se esgota, outra assume seu lugar. Por isso, aprender a deixar para trás os problemas é tão fundamental para nossa felicidade e paz de espírito.

Uma vez que você já sabe que qualquer pensamento perturbador pode ser dissipado, o problema então se desloca para o fato de que, daqui a três minutos, uma hora ou um dia, o pensamento obsessivo vai voltar. De onde ele vem? Ora... ele é produto de nossa mente poluída, que daqui para a frente chamarei de "ego". Seu objetivo é colocar-se à parte, ser diferente e particular — o ego considera a união uma inimiga mortal.

Pensamentos de preocupação e/ou de agressividade levam à sensação de isolamento. Quanto mais os buscamos, mais isolados nos sentimos, e assim saciamos o principal objetivo de nosso ego. Portanto, para abandonar permanentemente um pensamento negativo, temos de estabelecer um objetivo de união e integridade mental.

- Planeje a resposta para a próxima vez que o seu ego apresentar essa linha de raciocínio.

Sua resposta precisa ser breve e direta. Interrompa o pensamento e inunde de luz a pessoa sobre a qual mantinha fantasias de vingança... ou pense como o novo gatinho é engraçado. Qualquer pensamento que de alguma forma seja amoroso, feliz ou pacífico é suficiente já que seu ego não quer que você se dedique a esse sentimento.

- Repita silenciosamente: "Não importa quantas vezes o meu ego repetir este pensamento, resistirei. Se ele trouxer este pensamento mil vezes, responderei mil e uma vezes como planejei."

Quando o ego perceber que você mentalizará a pessoa na luz sempre que algum pensamento perturbador surgir, ele mudará a linha de raciocínio. Ele ainda vai testar a sua sinceridade algumas vezes, mas vai acabar desistindo, acredite!

Quando percebo que não estou aplicando com firmeza as etapas mencionadas (identificar o pensamento, interrompê-lo, pensar num assunto ligado ao sentimento amoroso e de união, criar um plano para quando o pensamento retornar), tento me dedicar a um momento de reflexão e, conscientemente, parar de me torturar, de abalar a minha paz e de me colocar numa posição de confusão mental em que não faço o bem para aqueles a quem amo.

Acima de tudo, é preciso considerar as pessoas envolvidas com delicadeza e compreensão, sem nenhuma censura. Talvez não se atinja esse distanciamento, especialmente se estivermos furiosos com elas. A questão que se coloca é a mesma: será que realmente quero caminhar em direção à paz ou me afastar dela?

Atitude 2: Não se preocupar é arriscado, talvez perigoso

O velho ditado diz que um dia é da caça... e o outro do caçador. Dizer que alguém é feliz e tem sorte é quase o mesmo que dizer "como o diabo gosta" — e todo mundo sabe o que acontece com aqueles que não estão nem aí para o diabo. A palavra *feliz,* às vezes, é usada no lugar de "despreocupado", "louco", "desprovido de bom senso" ou "irresponsável". Muitas crianças foram criadas ouvindo esse tema em histórias como a fábula da cigarra, que passava o verão cantando, e a sábia formiga, que passava o verão juntando o alimento para o inverno (e, mais tarde, teve o prazer de recusar ajuda à faminta cigarra, só para mostrar o quanto estava certa!).

Além disso, todos nós crescemos vendo e, o que é mais importante, sentindo que nossos pais se preocupam com coisas tão diferentes quanto a obesidade, as condições climáticas, o seguro de vida, o casamento e os extratos do banco. Por essas e outras razões, a maioria das pessoas entra na idade adulta com a sensação de que nada é confiável, nem mesmo o próprio lar.

Essa preocupação, infelizmente, é alimentada pela insensibilidade dos pais. Muitos ensinam de forma nada sutil que seus filhos devem se preocupar com a quantidade de comida que consomem e com a possibilidade de tirar notas baixas ou de ficar doentes. Mas, acima de tudo, eles ensinam as crianças a desconfiar da própria intuição ou bom senso ("Não posso deixar você fora da minha vista!" ou "Você não se preocupa com mais ninguém a não ser a sua própria pessoazinha!") e deixam no ar um sentimento indefinido quando perguntam:

- Você tem certeza de que quer mesmo comprar esta pistola d'água? Aquela verde parece mais resistente...
- Você tem certeza de que quer convidar o Ian para sua festa de aniversário? Lembre-se de que não foi convidado para a festa dele...
- Você tem certeza de que não precisa estudar para a prova? Você não vai querer acabar como frentista de posto de gasolina...
- Você tem certeza de que ele é a pessoa certa, querida? Você não vai querer procurar namorado depois que já estiver mais velha...

Mesmo que a nossa tendência à preocupação tenha origem em nossas vivências de infância, recebemos muitas outras contribuições. A idéia de que é bom se preocupar é parte de toda a nossa cultura cristã ocidental. Todos os dias nos reunimos diante da televisão para ouvir intermináveis reportagens sobre problemas da vizinhança e do mundo sem sequer nos lembrarmos de procurar alguma solução. Absorver o problema já é o bastante para nos satisfazer — e a mídia sabe muito bem disto.

A religião, que deveria promover conforto e amparo, pode levar à preocupação e, às vezes, ao terror. Padres, pastores e rabinos muitas vezes usam o medo para ensinar a doutrina e — por que não? — para aumentar as contribuições dos fiéis.

Até o sistema educacional promove a ansiedade, ao fixar metas impossíveis e ameaçar com penalidades quem ousa se comportar de forma "imprópria". Do primeiro ao último ano da escola, os objetivos são conflitantes: responsabilidade, socialização, auto-estima, consciência ambiental, criatividade, orgulho racial, consciência das drogas, administração do tempo, etc. Os próprios professores variam amplamente na maneira como influenciam os alunos, até porque os livros e currículos escolares que lhes são entregues também contêm idéias complexas e contraditórias: *É melhor ficar de olho*, *Vá devagar*, *Use a cabeça*, *Olhe onde pisa*, *Cuidado com as costas*, *Conheça os seus amigos*, *Não confie em ninguém*, *Cuidado com o que você está fazendo*, *Olhe para a frente*. E a minha preferida: *Pense duas vezes*.

É claro que há mil maneiras de usar todos esses conselhos, mas, a exemplo das preocupações espirituais de hoje (*Tome consciência*, *Olhe o que você está dizendo*, *Os medos se auto-alimentam* e o mais assustador: *Lembre-se de que você cria a sua própria realidade*), a mensagem mais importante é: estamos mais alertas e mais bem armados quando estamos ansiosos. O que, aliás, não é absolutamente verdade. O contrário da mente preocupada não é a mente tola, mas sim a mente tranqüila.

O que se pode observar é que quando a mente está preocupada, ela se torna lenta e dispersa, ao passo que a mente tranqüila é capaz de uma consciência ampla e firme, no mínimo, porque está menos distraída. Diante dessa perspectiva, pode-se dizer que a mente preocupada está desprotegida, dominada pela ansiedade, enquanto a mente tranqüila pode avaliar a situação de modo mais rápido e preciso. Por isso mesmo tem mais chances de impedir um perigo iminente.

Atitude 3: As preocupações são intuitivas ou previsíveis

Neste livro, estamos examinando o que limpa a mente, facilita a concentração e a torna íntegra em relação ao que tira sua paz e sua tranqüilidade. É pura tolice a idéia de que se deve conviver com a mente agitada porque isso facilitaria a realização de alguma premonição.

Pode até ser que, em algumas ocasiões, a intuição apareça misturada com a preocupação, mas não há uma maneira confiável de verificar isso. E é interessante observar que as pessoas preferem simplesmente ignorar as "premonições" que não se confirmaram. Muitos pais tomam decisões com base em preocupações. Eles endurecem a respeito de determinados comportamentos porque receiam o que possa acontecer a seus filhos. Embora aqui e ali algumas previsões se mostrem verdadeiras, em geral esse tipo de disciplina tem resultados negativos.

> Se o objetivo é descobrir que estado mental é mais intuitivo, a preocupação deve ser eliminada logo de início, por ser inconsistente.

Como muita gente já percebeu que os medos não são intuitivos, até mesmo essa constatação se tornou motivo de preocupação. Você já deve ter ouvido falar que "são justamente as coisas que não nos preocupam que *acontecem*"? Tomar essas palavras ao pé da letra significa que, quanto mais preocupado você é, menores são suas chances de que as coisas se tornem realidade. A contrapartida aparece em outro ditado: "Só porque você tem fobia de voar não quer dizer que seu avião vá cair!" Ou seja: a preocupação é um jogo em que não há vencedores.

Libertação 3

Tempo sugerido: 1 dia

O medo de que um comentário infeliz seja mal interpretado não existiria se tivéssemos a certeza de que a pessoa não o guardaria na memória. Se isso fosse verdade, nossas amizades permaneceriam incólumes, apesar das observações inoportunas. Portanto, nosso medo nada tem a ver com o que foi dito, mas com suas conseqüências futuras. Quando estiver praticando esta terceira Libertação, tenha sempre em mente que, embora com raízes bem fincadas no passado, todas as formas do medo apontam para o futuro.

- Anote qualquer medo que passe pela sua cabeça desde o momento em que você acorda até a hora de deitar. Anote tudo, as vagas apreensões, as suspeitas ou mesmo as fantasias catastróficas que surgirem.
- Antes de adormecer, assinale os medos mais assustadores, ou, se preferir, classifique-os numa escala de um a dez. Separe também os medos que você acha que são intuitivos e previsíveis daqueles que você acha que se auto-alimentam por causa da intensidade e freqüência com que pensa neles.
- Coloque essa lista num lugar de fácil acesso. É importante ficar atento e ver se alguma coisa acontece da maneira como

você imaginou. Anote também todos os acontecimentos que, de alguma forma, terminaram sendo o oposto daquilo que você receava que fosse acontecer.

- Se você preferir não fazer esta etapa do processo de Libertação, terá de renunciar para sempre ao direito de se preocupar em voz alta!

Atitude 4: Há um tempo e um lugar para se preocupar

Quando o carro derrapa e perdemos o controle de sua direção, ou quando falseamos o pé e caímos, nossa mente, em geral, está muito calma. Só quando acontece é que nos perturbamos e começamos a suar por causa do acidente. Que vantagem teríamos se ficássemos nos preocupando com o que poderia ter acontecido, com as possíveis conseqüências físicas ou mesmo com a lição que "o universo" estaria nos dando enquanto nos contorcemos no ar para reduzir os efeitos de uma queda ou enquanto lutamos para retomar o controle do carro? Se deixássemos que nossa mente se ocupasse durante a emergência, seríamos incapazes de reagir instantaneamente. Será que isto significa que a preocupação é útil quando não estamos em situação de emergência?

PARECE, MAS NÃO É

Quando estávamos no final da adolescência, meu irmão e eu fomos convidados para ir a uma fazenda nas montanhas do Colorado. Um dia fizemos uma longa caminhada e chegamos a uma cachoeira magnífica, de mais de cinqüenta metros de altura. Desafiei-o a subir comigo pelas pedras e ele topou o desafio.

Nosso plano era subir paralelamente à queda-d'água. Como em geral acontece com pessoas inexperientes em escaladas, o que não parece íngreme para quem está embaixo se agiganta quando a subida começa. Quando me dei conta de que seria bem mais difícil e perigoso do que havia imaginado, percebi que seria muito pior tentar descer.

Restavam apenas uns dez metros para chegar ao topo, quando começou uma chuva de granizo que se transformou em uma fortíssima tempestade. Estávamos logo abaixo de uma imensa pedra que se projetava. Eu não conseguia ver o caminho para o topo e, para piorar, de repente, o degrau sobre o qual nos apoiávamos começou a se soltar.

Quando a base começou a rachar sob nossos pés, me preocupei. Meu irmão escolheu exatamente aquele momento para me dizer que em duas ocasiões pessoas haviam morrido tentando escalar a cachoeira. Gelei, mas como era o mais velho e o responsável por estarmos ali, naquele sufoco, assumi a liderança. Apesar de paralisado pelo medo, tranqüilizei meu irmão, dizendo que de onde estava eu conseguia ver um caminho para o topo do lado em que ele estava. Era mentira, mas foi a única coisa que me ocorreu . Por sorte, havia mesmo um caminho e, quando chegou em cima, ele estendeu a mão e me ajudou a subir.

A primeira reação a essa história é dizer que me preocupei no momento errado. Mas, para falar a verdade, não dá para saber qual é o momento certo de se preocupar. Deveríamos ter nos preocupado em identificar o exato ponto em que não havia retorno? Se concordássemos ter alcançado este ponto (raramente as pessoas concordam a respeito do momento de parar), deveríamos ter feito uma pausa e nos preocuparmos ali? Ah... Durante a escalada vimos uma cobra diferente e nos aproximamos para examiná-la mais de perto. Deveríamos ter nos preocupado também?

É claro que não existe um momento ideal para se preocupar. Talvez fosse possível dizer que "uma pequena preocupação" é bom, ou, ainda, que o importante é a quantidade e não o momento. Quem sabe, se eu tivesse me preocupado pelo menos um pouquinho não teríamos corrido risco de vida. Na verdade, é preciso admitir que foi justamente o fato de que a escalada parecia preocupante que tornava a idéia interessante.

Quem iria querer subir uma encosta de inclinação suave, coberta por um espesso tapete de grama? Se não fosse "um pouquinho preocupante", a escalada não teria sido um desafio. Parece que eu teria de me preocupar mais do que me preocupei, mas... *quanto* mais? É claro que me preocupei "demais" quando estava debaixo da pedra na chuva...

A idéia de que há uma quantidade exata de preocupação é apenas algo a mais para nos preocuparmos. A preocupação simplesmente não funciona.

Atitude 5: Preocupação é sinal de inteligência

Pensamos que a preocupação é uma escolha inteligente da pessoa, em oposição a uma reação de massa, uma atitude da coletividade. A preocupação é, na verdade, a emoção que une o mundo. Ela pode ultrapassar as diferenças religiosas, políticas, raciais e sexuais. Noticiários e documentários são campeões de audiência porque estão sempre trazendo uma lista de más reportagens ao vivo para que o espectador possa se preocupar. Reportagens investigativas que revelam perigos em lugares insuspeitos estimulam nossa ansiedade, que, por sua vez, provoca as alterações químicas no organismo — e, assim, o vício da ansiedade se alimenta.

É senso comum em nossa cultura que a pessoa sem preocupações é uma ingênua. Para nós, o cinismo é sinal de inteligência e pragmatismo. Como o desastre é comum a todos, tendemos a considerar a paz de espírito como uma emoção irreal ou falsa. Os fortes atacam os fracos. Todos os seres que conhecemos vivem à custa da morte de algum outro ser.

A conclusão é inevitável: você e eu murcharemos e morreremos como tudo o que está vivo, seja o planeta, uma pessoa ou uma planta. Este é o cenário de nossas vidas e só não vê quem não quer. Partimos do princípio de que a preocupação é a emoção "consciente", aquela que é induzida pelos fatos.

Podemos nos concentrar nos fatos "inevitáveis" da vida ou no ponto onde estamos e no que estamos fazendo. Quando relaxamos, começamos a nos abrir para uma realidade que vai muito além daquele cenário preconcebido sobre o futuro que inventamos. Â preocupação está sempre relacionada ao futuro, mesmo que o futuro seja o momento seguinte.

Atitude 6: Preocupação é sinal de compaixão

Acreditamos que aqueles que se preocupam se tornam socialmente responsáveis. Outro mito é de que a nossa angústia corresponde ao tamanho de nossa preocupação pelas pessoas sofrendo no mundo. A preocupação ajuda alguém? Não, mas como a ansiedade é uma sensação um tanto desagradável e desgastante, ela simula uma falsa impressão de dever cumprido, de termos feito a nossa parte, quando, na verdade, apenas movimentamos as nossas engrenagens mentais, ou a nossa boca.

Observe o quanto você se sente afastado quando se aproxima de uma pessoa apreensiva. Em geral, ela está tão absorvida em sua própria preocupação que se torna uma espécie de lobo solitário. Seu foco pode ser até mesmo uma determinada pessoa, mas ela não consegue demonstrar sua solidariedade. "Estou preocupado com você" é a frase típica de quem tem um ego com tamanho potencial autodestrutivo.

As preces que as pessoas religiosas fazem antes de refeições são outro exemplo de mau uso da preocupação: "Lembremos de todos os que têm fome." Se, a cada bocado, realmente nos lembrássemos dos famintos, nos alimentaríamos em meio a um conflito imenso. Não haveria nenhuma sensação de comunhão nessa mesa. A generosidade é um ato de felicidade, não uma conseqüência do medo.

Atitude 7: **Quando as coisas vão bem, é melhor começar a se preocupar**

Se um livro ou um filme começa com cenas felizes e vozes alegres, sabemos que algo de ruim está para acontecer. É preciso uma dose de alegria — mesmo que por pouco tempo. Observe que quando as coisas começam a acontecer do jeito que a gente gosta, uma leve preocupação surge no horizonte. Por experiência própria, sabemos que aquilo que mais desejamos é o que pode nos ferir mais profundamente.

Um ditado muito popular diz que é preciso "Tomar cuidado com o que pede... você pode conseguir!". Pense no que está implícito nesta afirmação: nas vantagens especiais com as quais você poderá começar a sua vida — boa aparência, bom sistema imunológico, talento natural, riqueza de família e qualquer outra coisa — nada disso é confiável. Se você começar a pensar nas vantagens adicionais com que sempre sonhou, saiba que elas são ainda menos confiáveis!

Nosso problema não é que não olhamos de frente para o perigo e a ironia. Olhamos para o mundo quase em transe, fascinados. O que não questionamos é qual o valor desse olhar, qual o verdadeiro benefício de ter uma percepção preocupada.

Para cada ação, uma reação

Não é difícil examinar estas sete atitudes geradoras de preocupação. Em geral, terminamos admitindo que a preocupação reduz a nossa capacidade de adaptação e de reação, de sermos criativos, intuitivos e sensíveis — e, com certeza, de conhecermos o prazer puro e simples e a paz de espírito. No entanto, muita gente acredita ter pouquíssimo controle sobre a tendência da mente de manter o foco num único problema. Um adesivo muito comum nos vidros dos carros está escrito: "Se não estiver preocupado, é porque você não está prestando atenção."

Em outras palavras: a consciência *deve* levar à preocupação. A ansiedade é uma espécie de religião e, gostemos ou não, devemos todos nos ajoelhar no altar da preocupação. Não dá para eliminá-la completamente, mas está provado que, por meio da concentração e da força de vontade, é possível lutar contra o quanto nos preocupamos.

Se é verdade que sempre nos preocuparemos, deve ser igualmente verdade que a tranqüilidade interior e a paz são objetivos plenamente alcançáveis.

Antes de passarmos às pequenas mudanças que eliminam preocupações menores, examinemos como a mente funciona em momentos de extrema necessidade. Exemplo: seu filho acaba de receber o diagnóstico de uma doença possivelmente fatal e ninguém sabe dizer como o caso evoluirá. É claro que você se afligirá com o que pode acontecer. Em momentos dramáticos como esse, nada serve de conforto espiritual.

Há uma história que ilustra bem esta situação: um guru disse a uma mulher que chorava a morte de seu filho que ela não deveria sentir-se triste, pois a morte não existe para Deus. Anos depois, o filho do guru morreu e, ao ver a profunda tristeza do guru, a mulher se lembrou do que ele havia dito.

— Aquele era o *seu* filho — disse o guru. — Este é o *meu* filho.

Quando estamos diante da tragédia, choramos e nos indignamos. O que podemos e devemos nos perguntar é se esta é a única reação de que somos capazes. Continuar ocupando a mente com preocupações não trará benefício algum, enquanto a mente em paz, ao contrário, se estende a todos. Um casal de amigos nossos e sua filha deram um exemplo inspirador, que conto a seguir.

TOM E ANN

Há poucos anos, Diana, a filha de 21 anos de Tom e Ann, teve uma convulsão e eles a levaram para a emergência. Exames indicaram um tumor no cérebro. Nesse momento, começou o pesadelo da busca por segundas e terceiras opiniões, de ausências do trabalho, de providências para decidir hospital e cirurgião e todos os outros problemas que uma crise desse tipo envolve.

Não apenas porque eles eram amigos, mas também porque eram pais amorosos e profundamente espirituais, estávamos seriamente interessados no que enfrentavam e na maneira como tratavam da situação. Tom é médico e Ann sua auxiliar no consultório. No início, os dois só conseguiam pensar em descobrir um tratamento para o tumor. Contudo, depois de alguns dias, decidiram reexaminar seu objetivo. Em parte, porque perceberam que seu pânico e terror só pioravam o sofrimento de Diana. Depois, porque fizeram o que chamaram de "um exame piedoso de seus corações" e resolveram amar Diana com cada fibra de seu ser, dedicando-se inteiramente à paz e à felicidade da filha.

Embora tenham tomado todas as providências necessárias para que a filha fosse diagnosticada e tratada corretamente, sua atenção já não era mais a recuperação de Diana. Eles sabiam que muitos resultados eram possíveis, entre os quais a morte, diversos graus de incapacitação ou uma completa recuperação. Disseram-me que haviam observado que algumas pessoas só se voltam para Deus quando estão muito doentes ou quando estão morrendo. Conheceram pessoas que agradeciam por suas deficiências — por tudo o que haviam aprendido com a experiência. Em outras palavras, Tom e Ann perceberam que não estavam em posição de escolher o melhor tratamento para sua filha e, acima de tudo, que não poderiam controlar os fatos.

É muito difícil explicar esse tipo de situação para alguém que não passou pela experiência. Pode parecer que a pessoa não está se importando, mas a verdade é que Tom e Ann não hesitavam em enfrentar médicos e enfermeiras se achassem que sua filha não estivesse sendo bem-cuidada ou alguém estivesse cometendo um erro.

Qualquer pai ou mãe normal se preocuparia seriamente com um tumor no cérebro da filha. A luta pela recuperação de Diana simbolizava seu amor mais do que qualquer outra possível ação. Isto não significava que a meta de seu coração e o centro de seus pensamentos alterasse o organismo da filha. Ao contrário, trazia conforto ao espírito dela.

> Recusar-se a fazer do controle a principal meta não significa cumprir as tarefas e deveres com indiferença ou descuido. Se o objetivo é a consciência, todas as coisas devem ser feitas com atenção. Se o objetivo é a integridade, tudo deve ser feito meticulosamente. Se o obje-

> tivo é o amor, tudo deve ser feito com cuidado, atenção e beleza.

A situação no início era tão apavorante que Tom e Ann decidiram se concentrar na felicidade de Diana. Gradualmente, começaram a sentir sua união com a filha e, em pouco tempo, uma profunda paz que os conduziu pelas semanas de exames e, enfim, à operação, que foi bem-sucedida. Diana voltou à universidade e às atividades desportivas.

Usando a crise como motivação

Se você já teve pessoas ansiosas à sua volta, talvez entenda por que a mudança da enfoque de Tom e Ann deixou Diana mais feliz e mais relaxada. Eles conseguiram transformar suas mentes radicalmente — de latas de lixo mental para floridos canteiros.

Se um número maior de pessoas pudesse sentir como é passar um único dia com a mente não-fragmentada e sem conflito, conheceriam a vida como ela é. Como isso é raro, passamos a maior parte do tempo agindo como crianças apontando e gritando para uma sombra, enquanto pais e mães permanecem na retaguarda, oferecendo segurança e apoio. Que os pais funcionam como uma presença confortadora, isso é fato, ainda mais quando a mente está unificada — nesse caso, não há nada que possa bloquear a beleza tranqüila do coração.

Depois que Diana voltou à universidade, Tom me disse que a paz que havia sentido começou a desaparecer. Trata-se de uma reação comum: muitas pessoas enfrentam com bravura uma tempestade, mas se sentem esmagadas diante dos fatos da vida. Tom optou por orar com freqüência maior, mas a oração não funcionou. Por fim, ele entendeu que, agora, sua prioridade era ele mesmo.

Ao perceber seu equívoco, Tom começou a se dedicar mais à sua mulher, sua equipe e seus clientes, especialmente em seus pensamentos e em suas preces.

— Sempre que dou às pessoas a mesma atenção que dei para Diana, simplesmente me sinto melhor, trabalho melhor, gosto mais de meus clientes. Ann e eu nos aproximamos e a vida vale a pena... Sermos gentis é simplesmente muito bom.

> Primeiro ame, depois faça o que tem de fazer. Primeiro, escolha a paz, depois diga o que tem a dizer. Perguntar "O que devo fazer?" e "O que devo dizer?", na verdade, significa: "Como obtenho o resultado que desejo?" Raramente nos confundimos quando a paz e a integridade são a nossa meta.

Se examinarmos o processo que permitiu que Tom e Ann se livrassem da preocupação, da angústia e do medo, observaremos que eles desviaram sua atenção de algo que não podiam controlar (encontrar a cura para um tumor no cérebro) para algo que podiam controlar (amar sua filha e procurar a paz para ela). Sempre que nosso desejo sincero é melhorar nosso estado mental, não há falha possível. Falhamos porque dividimos nossa mente.

Libertação 4

Tempo sugerido: 1 dia ou mais

- Assuma duas ou três pequenas tarefas: vestir-se, ir a um supermercado, fazer uma refeição qualquer, pagar algumas contas ou qualquer outra atividade.
- Antes de começar cada atividade, organize seus pensamen-

tos e tranqüilize-se interiormente. Experimente repetir pausadamente estas palavras: "Tudo está liberado. Tudo é paz."

- Quando se sentir em paz, estabeleça a meta de não tomar nenhuma decisão enquanto estiver realizando esta atividade. Cada vez que sua mente começar a decidir por uma ação (*Devo usar este sapato ou aquele? Pago em dinheiro ou cartão de crédito? Faço uma sopa ou um sanduíche?*), corte o pensamento e faça alguma coisa, mas faça com o máximo de tranqüilidade e paz interior que puder.
- Depois de fazer seja lá o que for, faça um pequeno teste. Primeiro, pergunte-se se você acredita que a qualidade, eficácia ou sensatez de qualquer coisa que você tenha feito foi prejudicada por ter resolvido não tomar nenhuma decisão.

Se a resposta for não, reexamine a atividade. Desta vez, pergunte a si mesmo se você acha que agiu com naturalidade e com maior ponderação do que se houvesse tomado decisões conscientes como sempre. (Sim, estas são questões complicadas!)

Três

Abrindo mão das emoções inúteis

Desde os anos 60, as emoções das pessoas são usadas pela psicologia e até pela sabedoria popular, como fonte de informações sobre a saúde mental da população. A mídia, é claro, percebeu o potencial e passou a se interessar cada vez mais por histórias altamente dramáticas, que provoquem a expressão de sentimentos dos entrevistados — nunca de seus ideais ou convicções. Casos como o seqüestro do publicitário Washington Olivetto ou o brutal assassinato do jornalista Tim Lopes são exemplos de "boas histórias". Na esteira dessa tendência surgiram incontáveis grupos de auto-ajuda, todos usando as emoções dos participantes como agentes de mudança. Na verdade, as emoções se tornaram as jóias de nossa cultura — não só por revelarem a essência da saúde mental como por serem agentes de mudança comportamental.

A mudança de enfoque pode ser notada até em coisas banais como o tema dos discursos de agradecimento em cerimônias de entregas de prêmios. Nos anos 50, a pessoa agradeceria ter sido escolhida, falaria do lugar em que seria pendurada a medalha ou placa e no quanto e como a honra conferida afetaria o seu futuro. Hoje, os discursos estão centrados na idéia de que a verdadeira recompensa é a maneira como nos sentimos. Assim como os repórteres sempre fazem a uma vítima de uma tragédia perguntas sobre como ela se sente, as entrevistas com os ganhadores de um prêmio ou concurso invariavelmente começam com a pergunta: "Como você se sente?"

Tão dominante é o novo papel atribuído às emoções que a frase "o sentimento acabou" é uma justificativa freqüentemente citada para se divorciar do parceiro ou parceira de toda uma vida. Era considerado um cumprimento chamar uma mulher de "meiga", ou um homem de "tipo reservado", mas hoje os adultos calmos e os adolescentes tranqüilos são considerados suspeitos. Ser "um tipo reservado" é quase o mesmo que dizer que a pessoa *talvez* seja psicótica.

> "O que você está sentindo?" é uma das perguntas mais comuns nas terapias e nos grupos de apoio. Ela faz com que o sentimento da pessoa a respeito do que foi dito seja mais importante do que o que foi dito.

A emoção é a linguagem que revela o funcionamento mais profundo de nossa mente. Se a escutarmos (em vez de reagirmos), teremos acesso a valiosas percepções intuitivas das pessoas a quem amamos. Mas, cuidado: as emoções não são um solução em si mesmas. Por trás de cada emoção há um pensamento que gera sentimentos. É um processo contínuo, já que ao pensarmos que um amigo pode morrer, por exemplo, sentimos medo; ao pensarmos que alguém está nos desprezando, sentimos raiva, e assim por diante.

As emoções nascem e morrem no ritmo de nossos pensamentos. Como são subprodutos do pensamento, conseguimos sabotar a carreira, a saúde, a felicidade e os relacionamentos apenas com a força do pensamento inconsciente, não do sentimento inconsciente. Daí a necessidade de identificar o pensamento negativo no instante em que ele aparece.

Em geral, as pessoas têm certa consciência de estarem tristes, irritadas, ansiosas ou descontentes — "sintomas" inegáveis de pensamentos negativos —, mas pouquíssimas vezes elas identificam o que está por trás de suas emoções. É mais ou menos como estar consciente de que há algo errado no organismo, mas sem sintonizar exatamente o quê e onde. O mais provável é que jogue a culpa nos outros.

Fomos treinados para lidar com as emoções, especialmente com as explosões emocionais. Algumas técnicas são eficazes, até melhoram o estado emocional; outras não, são destrutivas. Tudo vai depender de fatores tão diversos como beber e comer demais, desabafar, retaliar (ou "fazer justiça"), acusar, curtir férias, praticar a liberação sexual, integrar grupos de apoio, usar drogas e até ouvir música.

Se nossa mente não está íntegra, em se tratando de emoções, nada funciona por muito tempo. Observe que o mesmo comentário ou a mesma circunstância pode nos atingir de uma maneira diferente a cada vez. Tente lembrar como você se sentia na infância em relação aos pais e professores. Não é verdade que eles sempre reagiam com exagero ao que dizíamos ou fazíamos? Você, por outro lado, não sabia o que esperar, nem calcular como eles (os adultos) desejariam que se comportasse *daquela vez*. O humor deles estava fora de controle — no fundo, porque estava fora do controle deles.

Diga não às preocupações

Aprender a ficar livre de emoções menores como a ansiedade, o nervosismo e a apreensão é fácil. Um exemplo: viajo com certa freqüência para dar workshops e, quando se aproxima o momento de sair da cidade, invariavelmente começo a me preocupar se conseguirei fazer as conexões de vôo necessárias, se coloquei na mala tudo de que preciso, se dormirei o suficiente, que tipo de grupo estará presente e outros fatores fora de meu controle.

Aprendi a interromper essas preocupações ajustando o foco em cada aspecto da viagem. Faço um check list de perguntas: Como quero me preparar para a viagem? Em paz. Como quero me despedir da minha família? Amorosamente. Como quero esperar no aeroporto? Relaxadamente e com prazer. Como quero tratar as pessoas que encontrar? Generosamente. Que espécie de workshop desejo dar? O mais útil que puder... e assim por diante. Ao ajustar o foco nas coisas que posso controlar, consigo unificar a mente e dissipar o receio, porque a mente fragmentada produz o medo e outras emoções desintegradoras.

As preocupações com o dinheiro são outro exemplo de como o problema pode ser menos grave do que aparenta ser. Vamos supor que é você quem paga as contas, faz o malabarismo com os juros do cartão de crédito, poupa e investe a sobra de dinheiro. Ou seja: você está acostumado a enfrentar situações imprevisíveis e escapar de armadilhas. Todo mês é a mesma angústia: todas as contas chegaram? os valores estão corretos? será que a economia do país fará de seu investimento uma opção sensata?

É normal que você se preocupe, mas será que isso vai resolver alguma coisa? Certamente não. A saída é estabelecer um objetivo mental e torná-lo mais importante do que as circunstâncias do momento ou as conseqüências futuras. Isto nos tranqüiliza e restaura a integridade da nossa mente.

Mudar o enfoque interior, deixar a preocupação de lado e ficar em paz é, sem dúvida, um exercício interessante para se fazer, por exemplo, num momento de ansiedade. Nenhuma boa decisão financeira pode ser alcançada com medo e preocupação. Também não adianta se punir mentalmente por erros que tenha cometido no passado ou tentar saber qual é o investimento "certo", ou exatamente quanto deve ser poupado. A mente sempre se fragmenta quando fazemos uma pergunta impossível de ser respondida. O ideal é acalmar os pensamentos e relaxar os processos mentais. Se pagar as contas deixa-o assim, feche os olhos, acalme-se e mentalize a frase: "Lerei todos esses documentos e assinarei os cheques em paz." Repita até sentir que alcançou seu objetivo.

> Seja qual for a questão com dinheiro, podemos sempre ver qual opção acreditamos ser a mais agradável, a menos provável de dar errado e qual delas nos dá a perspectiva de menor risco e mais paz. Ninguém pode prever o que acontecerá, mas as perguntas dirigidas à nossa índole pacífica não ficarão sem respostas – se nos sentirmos serenos e examinarmos cuidadosamente o desejo de nosso coração.

Deixando fluir os sentimentos

Depois que o medo se instala, a mente corre para escolher um tema unificador. Isto é verdade para qualquer tipo de emoção desintegradora. Não é nada saudável opor-se a sentimentos com os quais você acaba de tomar consciência – ciúme, inveja, desânimo, vergonha, preocupação ou aborrecimento. Neste momento, uma mente livre é um objetivo irreal e impossível de ser alcançado. Observe como é difícil afastar as preocupações, os medos, o desespero ou qualquer outra sensação do tipo. Não dá para combatê-las depois de tomar consciência delas. Quando negamos uma emoção destrutiva, corremos o risco de nos esconder, em vez de ficarmos livres. Mesmo que invisível, o pensamento por trás do sentimento continua existindo com força maior do que antes.

Se a emoção destrutiva fosse apenas um conjunto de sensações, talvez pudéssemos ignorá-la — como, às vezes, fazemos com uma dor de cabeça ou uma gripe. Tentar bloqueá-la é ignorar o pensamento que está causando o sentimento. Não dá para negar os sintomas de um câncer ou uma perna quebrada, não é mesmo? É preciso tratar a causa sob o risco de que o mal se expanda.

Identificar o verdadeiro mal causado por sentimentos como medo, fúria, ódio ou desprezo é um passo fundamental rumo à liberdade. Mas é igualmente importante desnudar o pensamento que está produzindo a emoção e explicitar o que está sendo feito para reforçar e reter esse mesmo pensamento.

Se quisermos encerrar o círculo vicioso de usar nossas mentes para nos torturarmos, é fundamental desvendarmos o pensamento que está por trás de nossa primeira onda de emoção. E substituí-lo por uma atividade mental mais natural, relaxante e prazerosa.

A FÚRIA DO CARRINHO DE COMPRAS

Há poucas semanas, quando saí da fila do caixa num supermercado, vi dois carrinhos de compras, ambos cheios de sacolas. Imaginando que o mais próximo fosse o meu, empurrei-o até o carro. Quando peguei as sacolas para colocar no porta-malas, percebi que não continham minhas compras. Imediatamente fechei o carro e comecei a empurrar o carrinho de volta para o supermercado. No meio do caminho, encontrei uma senhora enfurecida acompanhada pelo subgerente. Ao tentar dizer que estava indo trocar o carrinho, ouvi um berro:

— Esse é o meu carrinho! — gritou a mulher.

— Eu sei, eu devo ter...

— É o meu carrinho! — ela berrou de novo.

Cada vez que eu começava uma frase, ela interrompia com as mesmas palavras. Acabei ficando enfurecido também.

— A senhora poderia repetir isso mais uma vez? — perguntei.

— É o meu carrinho! — respondeu ela.

— Obrigado — eu disse. — Isso é muito bom.

Surpresa com a minha reação, a mulher arrancou o carrinho da minha mão, virou as costas e foi embora sem se despedir. Só então notei que o subgerente estava com as minhas compras. Ele me pediu desculpas, eu agradeci e o incidente terminou ali.

Depois, ao pensar no que havia acontecido, eu me dei conta de que não tivera nenhuma reação especial quando ela falou pela primeira vez "É o meu carrinho". Só fiquei irritado uns vinte segundos depois, quando o pensamento "Não tenho de escutar isto!" entrou na minha mente. Examinando mais de perto a sensação, tive outros pensamentos: "Não sou obrigado a ser tratado desta maneira" e "Não quero ser desrespeitado".

Era como se só agora eu enxergasse a mulher sob as lentes de uma falsa dignidade, que veio em socorro do meu ego. Esse pensamento me transformou em vítima — enfim, meu orgulho estava vulnerável à fúria dela. Comecei a imaginar a infinidade de pensamentos que eu poderia ter tido enquanto ela gritava, como, por exemplo, "Que mulher maluca!", ou "O que o subgerente deve estar achando de tudo isso?", ou ainda "O que deve ter acontecido na vida dessa mulher para algo tão pequeno ser tão importante para ela?". Cada um desses pensamentos teria gerado uma emoção diferente no calor do momento.

Libertação 5

Tempo sugerido: 1 dia ou mais

Este exercício nos leva a um *insight* ao qual voltaremos muitas vezes. Nossa mente está tão cheia de vozes do passado que os pensamentos entram em conflito. Sempre que sentimos uma emoção perturbadora, podemos estar certos de que cometemos este erro. Os pensamentos destrutivos só nos afetam quando os levamos a sério.

- Identifique tantos pensamentos perturbadores quanto puder. Anote-os e guarde a lista em seu bolso. Quando um deles vier à cabeça, pegue a lista e a mentalize com fervor e repita silenciosamente: "O pensamento em si não é o problema. O problema é concentrar minha mente em torno desse pensamento." Em seguida, relaxe a mente.

Palavras não substituem convicções

Mesma cena + pensamento diferente = emoção diferente. É aqui que muita gente sai dos trilhos: elas acreditam que podem apagar seu primeiro pensamento dizendo palavras que representam outro pensamento. Isto desconsidera um fato importante: pensamentos são um reflexo do que acreditamos, ou, pelo menos, do que pensamos acreditar naquele momento. Palavras simplesmente não substituem convicções. Para que os pensamentos mudem, nossas convicções devem mudar primeiro. Ficar repetindo palavras ao vento não muda nada, só estabelece uma discussão em nossa mente, que fica dividida entre o que acreditamos e o que estamos dizendo para nós mesmos que devemos acreditar.

> Uma amiga me contou a respeito de uma mulher que vivia dizendo: "Amo meu corpo, amo meu corpo, amo meu corpo." Um dia, minha amiga lhe perguntou: "Bom, você ama seu corpo... e daí?" E a mulher começou a chorar. "Não", disse ela, "não gosto de meu corpo." É claro que não! Palavras não são pensamentos. Palavras são apenas as embalagens dos pensamentos.

No momento em que temos um pensamento, ele se transforma na lente por meio da qual vemos o mundo. É este pensamento que determina o que selecionamos e o que deixamos de lado. Em certo sentido, um pensamento é uma opção — peneiramos os dados que temos diante de nós e escolhemos os que reforçam nossa decisão.

Gayle e eu conhecemos um sujeito que acha que "Hollywood não tem nada de bom". Ele é capaz de passar horas citando exemplos para sustentar esta convicção. Até quando vamos juntos ao cinema, ele vê um filme radicalmente diferente do filme que nós vemos. Outro exemplo da maneira como os pensamentos determinam a nossa experiência dos acontecimentos é quando, mesmo gostando do trabalho de um determinado ator, ao lermos uma crítica negativa sobre ele passamos a ter uma percepção diferente de sua atuação. Se há uma centena de pessoas no cinema, cada uma poderá ver uma atuação diferente porque suas certezas na vida são diferentes.

No nosso trabalho de aconselhamento familiar, Gayle e eu deparamos com muitas mães e pais que realmente não *enxergam* o filho, só os pensamentos que têm sobre o caráter dele. Essa postura contamina tudo o que a criança faz e todas as suas palavras e atos se tornam parte dessa convicção sombria dos pais. As interpretações que escolhemos constituem indiscutivelmente uma projeção. Contudo, a paz que avistamos no coração de nosso filho, a alegria que temos quando pensamos na pessoa amada são eternas e não podem ser corrompidas pela parte de nossa mente que formula as palavras, interpreta, julga e reage. Essa parte da mente não pode chegar à verdade porque não a conhece.

> Temos uma profunda tendência a confundir o que vemos com o que estamos olhando. Os que permanecem inconscientes de como seus pensamentos revelam a si mesmos e às pessoas a quem amam simplesmente deixam a vida passar totalmente em branco.

O maior risco é deixar que as emoções se baseiem em histórias idealizadas que as pessoas tecem sobre si mesmas e seus relacionamentos. Com certeza, já vimos isto acontecer a muitas celebridades. Num período surpreendentemente curto, elas deixam de existir. Tornam-se meros personagens de histórias feitas sob medida para agradar. Em escala menor, isto também pode acontecer com pessoas iguais a nós. A dica é não deixar que sua vida pegue um atalho em direção ao irreal, nem que sua velhice fique parecida com um museu de cera, em que as mesmas histórias são narradas sem cessar, repetidamente.

Abrir os olhos pela manhã é como abrir um velhíssimo livro de colorir em que as páginas estão desbotadas e os contornos dos personagens imprecisos. Os pensamentos são a tabela de cores que aplicamos a cada cena, página após página. Assim que percebermos que as cores que usamos, e não os imprecisos contornos das figuras, são os responsáveis pelos sentimentos e emoções, podemos nos concentrar na força de nossos pensamentos.

As emoções não são todas iguais

Ao contrário de muitos livros de auto-ajuda, este não tenta desvendar os pensamentos por trás de todas as emoções — nossa meta se limita aos pensamentos que destroçam nossas vidas. Se não forem liberados, a raiva, a amargura, a arrogância ou o desejo de vingança — para dar nome a algumas dessas emoções mais venenosas — podem cavar um buraco tão fundo na nossa mente que será preciso o tempo de toda uma vida para escalar e sair dele. Sentimentos momentâneos de inocência, aborrecimento ou tranqüilidade pouco mal farão aos outros.

Mesmo quando os efeitos das emoções mais perturbadoras não alteram a vida, eles sempre ferem alguém — a você ou às pessoas a quem você ama. As exceções ficam para as opiniões e as fúrias passageiras atiçadas pela leitura de uma carta, pelo noticiário da televisão ou pelo modo como foi tratado o amigo de um conhecido no escritório. As mágoas que levamos a sério e as decisões sombrias que tomamos separam nossas famílias, ferem a saúde e prejudicam nossa capacidade de apreciar o que é simples.

Os que procuram um caminho "superior" e os que se esforçam por obter um grau incomum de autodisciplina, em geral, tentam pensar, sentir e agir com perfeição. É muito comum tentarem colocar-se à parte da "multidão", o que acaba levando ao afastamento e à negação da felicidade.

Libertação 6

Tempo sugerido: 2 dias ou mais

- Identifique o sentimento perturbador dominante que você teve nas últimas horas, dias ou semanas. Da próxima vez que sentir esta emoção — medo, ódio, desdém, cinismo, desespero ou qualquer outro sentimento destrutivo —, instale-se calmamente dentro dela e anote todos os pensamentos que surgirem, não importa se aparentemente não estiverem relacionados.
- Mantenha a emoção em alta rotação, sempre anotando todos os pensamentos que passarem pela sua mente, até que ela comece a mudar. Depois, deixe a lista de lado e prossiga em seu dia, como sempre.

Quando você dá um tempo e começa a vasculhar sua mente em busca de pensamentos, é comum deparar, de repente, com a mente vazia e os instintos mais básicos em baixa rotação. Se isso acontecer, comece a anotar mesmo as impressões mais vagas de pensamentos, disposições, humor ou atitudes. ("Sinto uma leve ansiedade. Parece que eu estou na berlinda, possivelmente por estar fazendo esta Libertação. Não, ela parece mais ampla... Parece ter algo a ver com as coisas que estão acontecendo em minha vida neste exato momento...")

Se não conseguir estabelecer este diálogo mental, comece a descrever o vazio mental em si. Como é este vazio? ("Minha mente parece uniforme e cinza, tenho consciência dos sons e das sensações em volta. O vazio parece conter uma espécie de tristeza, quase como se estivesse chorando. Noto essa vibração de choro também nas minhas mãos. Acabo de ter um pensamento: 'Sinto uma rejeição maior do que deveria estar sentindo', 'Sinto uma rejeição maior do que as circunstâncias da minha vida merecem', ou ainda: 'Estou sentindo uma autopiedade grande demais' — é mais ou menos isso.")

Prosseguindo com o exercício, em muito pouco tempo os pensamentos começarão a aparecer. Tenha paciência, descreva o que puder e, em pouco tempo, o seu problema será como anotar tudo. Nas próximas vezes em que fizer este exercício, você terá mais rapidez e tranqüilidade. Observe que a maioria dos conteúdos mentais sequer é sua. Eles não emanam de suas convicções mais profundas, da sua intuição ou da sua experiência. Se tentar separar pedaços de memórias, fantasias, imagens e referências, vai encontrar um ou dois pensamentos que geram essa ou aquela emoção.

É mais ou menos como abrir a geladeira para procurar o que está causando o cheiro. Às vezes pensamos: "Ih, nossa, vou limpar tudo e começar de novo!" É uma boa idéia, mas está um pouco além da capacidade de quem está ensaiando os primeiros passos. Em geral, as pessoas tentam fazer uma limpeza geral cedo demais e terminam reprimindo muitos pensamentos que não deveriam ser reprimidos. Se você reage exageradamente ou se surpreende com o que acaba de dizer ou fazer, é porque ainda precisa fazer alguns esforços para alcançar a libertação. Esta Liberação mostrará o quanto nossa mente é lotada.

- É claro que as nossas mentes são capazes de ter muitos pensamentos ao acaso, sem objetividade. Faça pelo menos duas sessões antes de examinar suas anotações. Marque os pensamentos em que não acredita ("Talvez meu cinismo tenha sido causado por uma nova alergia alimentar", "Me sinto na defensiva porque não tenho nenhuma queixa real sobre a minha infância", "Acho que vou interromper este exercício e chamar alguém para resolver aquele barulho da geladeira") e, por enquanto, deixe-os de lado.

- Dos pensamentos aprovados, pelo menos um ou dois devem se destacar claramente por serem agressivos, defensivos, autocríticos ou preconceituosos. Veja alguns exemplos típicos: "Isso não acaba nunca...", "Os homens só pensam em sexo", "As mulheres são loucas", "Nada do que faço é bom", "Mais cedo ou mais tarde, eles sempre vão embora". Escolha os que você acredita serem responsáveis pelas emoções que você está estudando nesta Libertação e anote-os com o máximo detalhamento que conseguir. Chamaremos esses pensamentos de "pensamentos D" — pensamentos *desencadeadores*. Eles serão discutidos mais profundamente em outros capítulos.
- Nos dias posteriores ao exercício, fique alerta para identificar se surgir alguma emoção inicial ou um dos pensamentos D. Imediatamente, questione o grau de envolvimento ou distanciamento que você sente em relação a si e às pessoas à sua volta. Se não houver ninguém presente, questione o quanto você está distante ou perto de qualquer pessoa que passar pela sua mente. As respostas a essas perguntas devem servir de alerta sobre os efeitos de se permitir que esse tipo de lixo mental surja em sua mente.
- Agarre-se a todas as listas de pensamentos e anotações.

Quatro

Colocando a mágoa de lado

A felicidade e a frustração são sentimentos que acompanham o homem desde o início da vida. É surpreendente a freqüência com que os bebês choram e criancinhas de um, dois ou três anos de idade se frustram ou se irritam. Nem a objetividade de uma criança altera a natureza do mundo, que, convenhamos, não funciona lá muito bem. As crianças são as primeiras a perceber esses "erros de projeto", mas conseguem desfrutar novamente um período tranqüilo assim que recuperam a sensação felicidade — ao passo que os adultos, em geral, permanecem frustrados.

Por que isto acontece? Pode-se alegar que a inexperiência das crianças cria problemas imaginários e que, por isso, a frustração é uma conseqüência previsível. Poder-se-ia esperar que os adultos tivessem mais facilidade para se movimentar pela vida, mas a verdade é que poucos resistem à tentação de inventar crises sem o menor fundamento.

Não queira controlar o mundo

Costumamos dizer que as crianças não têm obrigações a cumprir, mas, se examinarmos mais atentamente o cotidiano de qualquer uma, é fácil constatar que elas têm objetivos tão importantes quanto qualquer adulto. A diferença é que os adultos não levam a sério seus objetivos. Se uma criança se irrita com o céu porque está chovendo justamente no dia da sua festa de aniversário no jardim, rimos, condescendentes, porque sabemos que não se pode controlar as nuvens. Se o irmãozinho de um ou dois anos tenta fazer o bebê entender os diferentes poderes de cada super-herói de brinquedo, nos divertimos com o fato de ele não entender por que o bebê de seis meses não pode ser o companheiro de brincadeiras.

O natural seria que, quando adultas, as pessoas aceitassem melhor a vida como ela é. A realidade, no entanto, é quase oposta. Não nos revoltamos com o céu, que se recusa a fazer tempo bom para nosso churrasco ao ar livre, mas, em compensação, nos irritamos com operários barulhentos, com os atrasos, com as reservas equivocadas no avião, com os maus motoristas que atravancam o trânsito na via expressa, com as lojas que fecham dez minutos mais cedo e até com os colegas que usam perfumes tão fortes que nos sufocam.

Embora comecemos a vida com integridade e bom humor, quanto mais envelhecemos, mais nos tornamos inflexíveis, amedrontados e irritadiços. Como a curiosidade natural e alegria inicial diminuem, tudo fica mais difícil, inclusive fazer amizades. Também ficamos menos generosos e mais infelizes. Fato é que, de modo geral, poucas pessoas "suavizam" com a idade.

Essa tendência à infelicidade não pode ser proporcional à capacidade de entender a natureza do mundo. A verdade é que, quanto mais se faz gols, mais se entende como a bola rola, quanto mais se usa um programa de computador, melhor se conhece as suas limitações, e assim por diante. No mínimo, a idade traz experiência. Pena que o pacote inclua algumas imperfeições colaterais (teimosia, mau humor, impaciência e infelicidade, entre outras).

A razão desse descompasso é que, com o passar dos anos, nos descuidamos totalmente de nossas mentes. O curioso é que em todas as outras áreas da vida (finanças, saúde, casa e carro) temos a noção exata de como o abandono é nocivo e tratamos de evitá-lo. No restante, não. Nos relacionamentos amorosos, por exemplo, todos nos arrependemos de algo que foi dito ou feito. Na maior parte das vezes tentamos pedir desculpas ("Foi mal", "Essas coisas acontecem", "Talvez eu consiga evitar a situação na próxima vez, mas, se não conseguir, o melhor é esquecer!", dizemos), mas o problema é que nem nós nem as outras pessoas esquecem.

Se você teve oportunidade de conversar com alguém à beira da morte, é provável que tenha ficado impressionado com a quantidade de mágoas que uma pessoa acumula ao longo da vida. As maiores queixas estão relacionadas à maneira como magoamos certas pessoas, raramente se referem a objetivos não alcançados, experiências ou viagens não realizadas. É comum passar a vida carregando um caminhão de mágoas e, mesmo no final, achar que é tarde demais para curar e ser curado.

Resumo da ópera: deixar que sentimentos pesados contaminem o seu estado de espírito pode ser a diferença entre arruinar ou não sua vida. E por que as pessoas deixam que isso aconteça? Simplesmente porque não acreditam que o estado de espírito seja algo importante. Para o ego, a aparência é tudo o que importa. Não precisa ser bom, basta *parecer* bom.

É verdade que os efeitos dos pensamentos das pessoas, às vezes, podem se revelar na expressão de seu rosto ou no tom de sua voz, mas, em geral, conseguimos disfarçar. Perguntas como

"Você gosta dos meus sapatos novos?", ou "Você acha que eu emagreci?", ou, ainda, "Tem certeza de que você não está morrendo de inveja porque meu tio deixou para mim todo esse dinheiro?", merecem, em geral, respostas educadas, mas não necessariamente verdadeiras.

Dizer coisas como "Desembuche!", "Despeje!," "Alivie o peito!" ou "Lave a alma!", não purifica a mente de ninguém, apenas fere os sentimentos das pessoas. Há quem use a sinceridade como uma forma de aliviar sua própria dor. Contar às pessoas como você as traiu e fazer duras autocríticas funciona de fato como alívio momentâneo — especialmente para quem está ouvindo o desabafo. À primeira vista, parece que quem errou está "assumindo a responsabilidade", mas, na prática, é o contrário. Ao concordar com a pessoa que você ama que ela está envelhecida, ou ao informá-la de que teve um caso extraconjugal, você está falhando como amigo e como pessoa, abrindo as portas para se autodestruir e, certamente, deixando de purificar a sua mente.

Quando desabafa em cima dos outros, observe que o problema ganha vida própria e parece escapar de suas mãos. Se o seu ego está em ebulição e você percebe que está novamente a ponto de menosprezar, criticar, trair, censurar ou reprimir alguém, mude o rumo da conversa. Deixar de prejudicar alguém é sempre um ótimo primeiro passo.

Libertação 7

Tempo sugerido: 1 dia ou mais

- Quando acordar, concentre-se num único objetivo: "Passarei o dia sem prejudicar ninguém. Não magoarei ninguém em meus pensamentos ou em minhas ações, nem a mim mesmo."

Repetir esse "mantra" com pureza de alma, diversas vezes durante o dia, funciona como uma afirmação de sua intenção, da meta que decidiu alcançar. "Não prejudicarei ninguém em meus pensamentos ou ações" é um objetivo que imediatamente unifica a mente e faz com que nos sintamos mais leves, mais livres e mais felizes.

O próximo passo é saber se vale a pena entregar-se a pensamentos de culpa, remorso ou arrependimento relacionados aos erros que você cometeu. Esses pensamentos são uma forma de autopiedade — eles não ajudam, não curam e não confortam a pessoa que você pensa ter magoado. Examine-os com atenção e perceberá que estão relacionados a você e não à pessoa que você pensa que maltratou. Na verdade, é uma repetição do mesmo equívoco: você atacou aquela pessoa, agora ataca a si mesmo. O ataque é o problema a ser resolvido, já que não passa de um processo de autoflagelação sem sinceridade, uma espécie de penitência sem amor, e, por isso mesmo, sem a menor utilidade. A resposta está em fazer algo para ajudar aqueles a quem você magoou ou feriu.

Libertação 8

Tempo sugerido: 2 dias ou mais

O sucesso desta etapa está fortemente ligado à sua intenção. Portanto, sinceridade e foco no seu objetivo é tudo o que se precisa. Seja simples e direto: isole um ponto mental magoado de cada vez e trabalhe até que ele esteja curado. Exemplo: o arrependimento de algo que você fez ou deixou de fazer a outra pessoa.

A. Examine tudo o que aconteceu, detalhadamente. Não perca tempo criticando a si mesmo ou divagando sobre possíveis remorsos ou vergonhas. Se, por acaso, você não compareceu a um compromisso que era muito importante para a outra pessoa e sempre lamentou isto, examine o que impediu você de estar presente e as conseqüências disso. Na verdade, você simplesmente não estava a fim de sair de casa naquele dia, deu uma desculpa e ela foi aceita. Examine o preço emocional que você pagou por agir assim.

B. Pergunte a si mesmo se há algo que você pode fazer para se desculpar. Confessar que você simplesmente não estava interessado, não funciona. Se você acha que esta pessoa o conhece muito bem, talvez fosse bom enviar-lhe uma desculpa cuidadosamente elaborada.

Não caia na armadilha de uma desculpa esfarrapada qualquer: "Eu estava muito preocupado naquele momento", "Eu estava enrolado com meu trabalho". Apenas peça desculpas, dê meia-volta e não diga mais nada. Se você quer realmente consertar a situação, dê um presente *muito* especial ou desculpe-se pessoalmente — ou as duas coisas. Peque pelo exagero, mande buquês de flores (anonimamente, para parecer sincero) e, de preferência, faça de suas desculpas um ato público (gestos exteriores têm mais força). Lembre-se que você está tratando da sua mente e, por isso, nenhum esforço é exagerado.

Se você optou por esse caminho, prepare-se para uma reação igualmente exagerada, já que a pessoa aproveitará a oportunidade para dar vazão ao ressentimento acumulado. Resumindo: ela pode ficar mais furiosa do que estava antes do pedido de desculpas. É como se dissesse, "Você não quis escutar antes, portanto, escute agora". Não se defenda — reagir com gentileza faz parte do verdadeiro pedido de desculpas. O pior é que nada disso significa que as suas desculpas serão aceitas, mas esta já é uma outra história. Fazer as pazes com o seu coração e sua mente é seu objetivo primordial.

C. Se a pessoa não quer saber de qualquer contato com você, tome a decisão permanente de abençoá-la sempre que pensar nela, até mesmo depois de sua morte. Não esqueça: estamos falando da cura da sua mente, nada do que você fizer será em vão.

D. Se você pensa que o seu erro foi tão grande que nada disso é suficiente para acabar com a mágoa que você carrega, pergunte a si mesmo o que mais poderia fazer. Quando minha mãe morreu, percebi que não me senti feliz desde que me mudei da cidade em que ela vivia. Era como se eu não tivesse me esforçado para explicar a ela por que a mudança era necessária. Rezar e abençoar minha mãe não estava me apaziguando. Descobri que eu também precisava cumprir alguma penitência. Quando a cumpri, me senti curado.

> O poder da penitência é subestimado – não tanto a penitência atribuída por outro, mas a penitência que vem de nosso próprio coração. Esta penitência do coração deve dizer: "Depois que eu fizer tudo para reparar o mal que fiz a você, farei mais isto... Darei às pessoas a quem amo, à minha comunidade ou ao mundo um presente em seu nome." Este presente abrangerá o que for necessário – seja tempo, dinheiro ou serviço: "Eu gosto de você, eu abençôo você, para mim você é íntegro." Com isso, eu também me torno íntegro.

E. O último passo é manter-se alerta e reagir rapidamente sempre que qualquer pensamento de culpa passar pela sua cabeça.

F. Depois de "curar" um arrependimento, localize outro e use o mesmo procedimento e assim por diante. Naturalmente, o tempo de duração varia para cada pessoa, mas a média tem sido de, no mínimo, dois dias de trabalho de cura. O importante é não deixar nenhum arrependimento sem tratamento. Este é um dos maiores presentes que você pode dar a si mesmo.

O medo que impede a felicidade

O arrependimento é um dos melhores exemplos de como o descuido com a nossa mente permite que a infelicidade entre em nossa vida. Naturalmente, isto pode acontecer de diversas maneiras, mas, antes de as explorarmos, é preciso ir fundo nas resistências que criamos e examinar as razões por trás dos atos. Aparentemente, os adultos têm um medo profundo da felicidade. Ter consciência desse terror é meio caminho andado para a conquista da mente íntegra e livre. Observe algumas razões mais conscientes e acessíveis e você perceberá que, em geral, optamos pela complexidade no lugar da simplicidade, pela rigidez em vez da flexibilidade e, claro, pela infelicidade à felicidade — numa prova de como nossa mente joga contra ela mesma.

Oito justificativas para a infelicidade

1. Não merecemos a felicidade

Não é de admirar que acreditemos que não temos o direito de ser felizes. As imagens que brotam da televisão, as narrativas de jornais e revistas, as conversas no escritório, enfim, as cenas que povoam a memória e enchem os sonhos estão constantemente nos lembrando de que a infelicidade e a adversidade são componentes normais da vida. No fundo de nossas mentes está a sombria reflexão de que se isto acontece conosco — e também com grandes líderes espirituais, como Cristo e Gandhi — é apenas porque merecemos. Enxergamos as circunstâncias como veículo da felicidade, não da paz e da tranqüilidade de nossas mentes. No fundo, quaisquer circunstâncias que nos favorecem são consideradas injustas.

2. O presente é perigoso

Como o futuro guarda más notícias para todos, o presente deveria ser o nosso maior interesse. Concordamos que todos temos o "direito inalienável" de buscar a felicidade, mas não damos a ninguém o direito de realmente encontrá-la. É como se não confiássemos nas pessoas alegres. Suspeitamos que atrás de todo bom humor há um motivo sinistro. É aceitável que as pessoas falem sobre um passado em que foram felizes ou que expressem a esperança de que um dia serão felizes, não que estejam ou sejam felizes no presente.

Chamamos de "querida" ou "gracinha" as pessoas que têm alegria de viver, e as desconsideramos nas questões intelectuais realmente importantes. Reagimos da mesma forma em relação a livros e filmes com finais felizes, assim como para filosofias que despertam a auto-estima. A razão é óbvia: a boa experiência no passado não justifica o otimismo no presente. O que o presente pode oferecer para alguém, de qualquer forma? Até mesmo um prêmio não teria nenhum significado se no dia seguinte levássemos a mesma vidinha de sempre. A expectativa do que poderá resultar é que dará o verdadeiro significado ao prêmio. A felicidade em geral é sentida como antecipação, ao passo que o sofrimento nos leva ao presente. Normalmente, nossas mentes são tão barulhentas que poucos escutam o silêncio da serenidade e da paz, única possibilidade de viver o presente e nada mais.

3. As mesmas circunstâncias que garantem a sua felicidade aumentam o peso que você carrega

Durante a vida, muitas pessoas recebem algumas recompensas, mas acabam percebendo que esses prêmios inesperados acabam complicando suas vidas. Quanto mais elevado o prêmio em dinheiro, por exemplo, maior o caos, a limitação e a infelicidade que ele normalmente causa. Seria de imaginar que alguém que enriquece de repente diria: "Finalmente, meus problemas de dinheiro acabaram. Não preciso me preocupar mais."

Mas o que acontece na verdade? A pessoa tende a ser menos generosa e se irrita mais do que a maioria das pessoas com os aborrecimentos do dia-a-dia, tipo atrasos, problemas mecânicos, mau atendimento, manchas e cheiros. Em geral, são também mais paranóicas e desconfiadas em relação às motivações dos outros e, como se sentem superiores, acabam convivendo com pouquíssimos amigos e atividades.

A beleza física é outro exemplo de algo muito desejado e que acaba se voltando contra quem a deseja. Nem quando a pessoa sai de uma cirurgia plástica, de um longo regime ou de meses num *spa,* e está inegavelmente linda, vai falar coisas do tipo: "Agora estou muito bem e não preciso mais me preocupar com a minha aparência."

Que tipo de pessoa entra num restaurante olhando em volta para verificar se está sendo observada — a linda ou a normal? Quem é que atrai o relacionamento mais superficial, se preocupa obsessivamente com a roupa que veste, luta incessantemente com o processo do envelhecimento e tende a julgar os outros pela aparência? A pessoa linda, é claro.

Outra fantasia universal é exibir objetos do consumo que todos gostariam de ter. Quem tem posses, em geral, enche sua casa e sua vida de coisas que não deseja e não pode usar. Um carro luxuoso, por exemplo, tem manutenção mais cara, maior probabilidade de ser roubado e exige cuidados na hora de estacionar... ou seja, é um carro que provoca inveja e faz com que os comerciantes cobrem mais por qualquer coisa.

4. Um parceiro superbonito não é recomendável

Embora dure mais tempo e provoque menos problemas, o relacionamento amoroso com uma pessoa de alma pura e simples não é tão procurado quanto o relacionamento com alguém complicado. As expectativas se reduzem imediatamente quando um namorado em potencial é descrito como "legal". As pessoas ambiciosas não hesitam em trocar quem as compreende e ama por um "companheiro-troféu", ou seja, alguém que chame a atenção pela beleza ou por sua posição na sociedade. Não esqueça que o efeito colateral de ter um "companheiro-troféu" é a eterna vigilância.

Ao contrário da idéia que muita gente imagina, o sexo com um parceiro deslumbrante não aumenta o prazer físico. Na verdade, aumenta a tensão e o nervosismo. Casais normais, que se sentem confortáveis um com o outro, tendem a ter uma vida sexual muito mais satisfatória. Além disso, conforme sua aparência e importância social começam a diminuir, é preciso redobrar os esforços para continuar valendo alguma coisa, para não ser abandonado mais cedo do que imagina por alguma beldade ou algum símbolo sexual.

5. Meio-termo na felicidade não funciona

A felicidade não é muito confiável, nem mesmo dentro dos alardeados "pequenos prazeres da vida". Quanto mais tentadora a comida, quanto mais erótico o prazer, quanto mais longas as férias, quanto mais fascinante a traição, quanto mais intensa a paixão... maior a queda. Segundo uma pesquisa, os ganhadores de loterias se tornam pessoas obesas e 85% dos homens que morreram durante uma relação sexual não estavam ao lado de suas mulheres. Moral da história: a maioria dos bons momentos tem sempre uma contrapartida tão dramática que nós acabamos por começar a evitá-los.

Revelar uma confidência interessante, criticar o parceiro pelas costas, xingar um motorista, comer tudo o que nos dá vontade, dormir o tempo que desejamos, flertar inocentemente — tudo isso pode ser engraçado e prazeroso por um tempo, mas o arrependimento ou o medo que essas opções produzem, assim como o caos que eventualmente possam promover, acabam por torná-las questionáveis como opção de vida.

6. Felicidade é "fugir à responsabilidade"

Acreditamos que a felicidade não é um estado mental sério ou importante e por isto a mantemos sob suspeita. Pressupomos que ser feliz é deixar de lado o que sentimos. Isso leva as pessoas a se sentirem culpadas depois de um momento de felicidade. Acreditamos que aproveitar a vida é uma forma nada sutil de evitar a responsabilidade. Como há muita coisa no mundo a ser feita e muitos erros a corrigir, arranjar tempo para ser feliz parece que é o mesmo que virarmos as costas ao mundo. Afinal, um quarto da população mundial está passando fome, um terço das nações está em guerra, como, aliás, sempre esteve, ou seja, a série de problemas graves que o mundo enfrenta é tão avassaladora quanto infindável. Podemos destacar mais alguns: a proliferação das armas nucleares, invasão de privacidade, crise econômica, a gravidez das adolescentes, os vírus e bactérias mutantes, a corrupção na política, o terrorismo, as drogas, a falta de moradias, a tortura, as discriminações por sexo, raça e idade — tudo isso e nem começamos a falar da devastação do planeta.

Ao admitir a densidade do campo minado que atravessamos todos os dias, em vez de felizes, deveríamos nos sentir... o quê? ultrajados? tristes? chocados? aterrorizados? cínicos? desesperados...? Raramente questionamos as atitudes que deveríamos adotar no lugar da felicidade. Poucos perguntam o que coisas como conforto e segurança, mudança para melhor, aturdimento, irritação ou coisa parecida, traz de bom para alguém. Há quem diga que estas são as grandes emoções que nos levam para a frente na vida. Se é assim, a pergunta deveria ser: o que mais nos motiva a sermos verdadeiramente úteis — uma atitude pacífica ou irritada? Há controvérsias, mas sem dúvida eu preferiria estar nas mãos delicadas de Gandhi, Buda, Jesus ou Madre Teresa. Eles conseguiram fazer muita coisa sem nenhuma raiva.

7. Abrir mão da infelicidade é deixar de respeitar a si mesmo

A perturbação interior que chamamos de *infelicidade* é uma emoção, ou, mais precisamente, um conjunto de emoções. É uma dor interior (sensação de angústia, medo, depressão, tristeza, etc.) tão desagradável quanto a mudança que poderia nos proporcionar alívio. Questionar a raiva, a paixão, a tristeza e muitas outras emoções é questionar o que temos de mais sagrado. Num certo sentido, abrir mão da infelicidade não é apenas desonesto... soa quase como uma traição a quem realmente somos. Hoje, quando dizemos a alguém: "Preciso ser fiel a mim mesmo", o significado é: "Preciso trair você, segundo as minhas emoções."

As emoções assumiram o lugar outrora ocupado pela alma, pelo espírito ou pela consciência. Por isso, o dilema ao perceber que nossas emoções são o verdadeiro ser. Como podemos ser nós mesmos, se o nosso ser muda a cada minuto, como invariavelmente acontece com as emoções? Como boa parte das emoções duram apenas dois a três minutos, não dá para defender uma velha emoção que já não existe e deixar de lado uma série de novas emoções que passamos a sentir.

> Existe um lugar dentro de nós onde entramos em contato com o eterno e o belo, um lugar em que realmente sentimos nosso ser interior em paz. Este ser não precisa ser periodicamente arejado, desfragmentado ou mesmo definido. Com tranqüilidade e generosidade, ele é visto claramente, e tudo em relação a ele é conhecido e familiar – porque este ser é íntegro.

8. Pessoas felizes são suspeitas

A felicidade ocupa um papel incrivelmente pequeno na vida da maioria dos adultos. Mais uma vez, a felicidade é algo suspeito. Há pouco tempo, Gayle e eu estávamos num shopping center e vimos uma garotinha de uns três anos andando em companhia dos pais. Ela estava no auge da felicidade e cantava a plenos pulmões. A mãe, no entanto, se inclinava e dizia entre dentes:

— Você não está se comportando direito!

A mãe estava certa. A felicidade pura e simples não é nada adequada em muitas circunstâncias. Na verdade, pessoas felizes demais muitas vezes são consideradas meio esquisitas, até perigosas. É previsto que nos sintamos muito satisfeitos quando nosso time ganha, e podemos até nos sentir realizados quando "devolvemos" uma desfeita que alguém nos fez — mas, se você sair cantando a plenos pulmões por um shopping center sem nenhuma razão aparente, é bem provável que seja interpelado pela segurança.

Libertação 9

crédito extra, libertação extra

(Este exercício é inteiramente opcional, foi criado para reforçar e aprofundar o que já discutimos. Se você acha que já sabe identificar corretamente os pensamentos que geram momentos de perturbação ou conflito, passe para a seção seguinte: "Para compreender os pensamentos D".)

A. Nos próximos dois dias, escolha pelo menos dois momentos em que sentir que está tendo, ou acaba de ter, uma sensação de conflito, perturbação ou irritação. Imediatamente, congele o conteúdo de sua mente e, cuidadosamente, examine os pensamentos envolvidos. Leve sempre um caderninho ou um pequeno gravador para anotar pelo menos o tema de cada pensamento.

B. À noite, acrescente os detalhes que não teve tempo de anotar durante o dia. Para desvendar os pensamentos vagos ou parcialmente escondidos, faça a si mesma as seguintes perguntas:

- Que pessoa ou situação parece estar causando a emoção ou está no centro dela?
- O que esta pessoa ou situação simboliza? O que me faz lembrar?

Digamos, por exemplo, que você notou que boa parte das angústias que sente giram em torno de sons desagradáveis — alguém que mastiga ruidosamente à mesa, um telefone ou uma campainha que toca "na hora errada", cães latindo ou crianças gritando. Talvez você pense que esses ruídos são incômodos e ponto final. Insistindo, talvez lembre que na infância sempre lhe diziam para se acalmar, não interromper as pessoas e falar baixo. Essa lembrança pode explicitar que, para você, esses ruídos simbolizam a falta de reconhecimento e de consideração das pessoas ou, quem sabe, o desejo delas de controlar você.

Outro exemplo poderia ser que você sente angústia e perturbação quando alguém perde ou quebra suas coisas. Ao tentar descobrir o que isso simboliza, você relembra a falta de consideração de um antigo colega, que passava adiante fofocas das quais tomava conhecimento em conversas, endereçava erradamente as cartas e os e-mails ou perdia as chaves... Refletindo mais fundo, talvez você lembre que as coisas que juntava em seu quarto quando criança muitas vezes eram jogadas no lixo e seus brinquedos preferidos eram dados a outras crianças. Ou seja: quando alguém perde ou danifica alguma coisa que lhe pertence, significa que você não está sendo visto com clareza ou compreendido em profundidade.

- O que eu imagino que torna estas circunstâncias importantes o bastante para me perturbarem?

Usando o primeiro exemplo, talvez você escreva algo assim: "Ter meu tempo, minha concentração e minhas atividades respeitadas é tão importante que qualquer som me perturba."

Para o segundo exemplo, você poderia escrever: "Minhas coisas são importantes, algumas contêm muitas lembranças, outras são parte de meus relacionamentos. Assim, quando alguém perde ou danifica alguma delas, sinto que me atacam."

- Se imaginar esta situação se deteriorando ou o comportamento dessa pessoa piorando, o que vejo acontecer comigo?

Esta pergunta implica imaginar que seja lá o que tenha ocorrido, se repita com maior freqüência (cada vez mais coisas são perdidas ou danificadas, aumentam os episódios de barulho). Enquanto imagina isto, o que acontece emocional, física e mentalmente com você? Está se vendo desaparecer? Entra em depressão, adoece ou pensa em se suicidar?

C. Faça as etapas A e B durante, no mínimo, dois dias. No final do segundo dia, leia todos os seus pensamentos e anotações sobre essas perturbações. Leia essas listas com a maior imparcialidade possível — ou seja, sem julgar a si ou aos outros.

Tente descobrir se há algum padrão em seus pensamentos, alguma idéia principal ou apenas pensamentos associados. Há um medo generalizado, "real" ou importante de perder a autoridade? Talvez muitos de seus pensamentos estejam ligados a dinheiro... Se é assim, qual a sua atitude em relação ao dinheiro? Responda com a maior honestidade possível.

Para compreender os pensamentos D

No processo de Libertação 9, você procurou descobrir o pensamento que está por trás de seus momentos de angústia. Quer tenha encontrado ou não algum padrão, o objetivo do exercício era buscar associações entre seus pensamentos e emoções. O próximo exercício se concentra no que chamo de pensamentos D — pensamentos *desencadeadores* —, que liberam alguma emoção. A idéia é, aos poucos, identificar a origem mais profunda de sua angústia interior e a diferenciar dos pensamentos plenos e desprovidos de conflitos, que são a fonte de nossa energia, inspiração e capacidade de amar.

Os pensamentos verdadeiros permitem que vejamos a nós, aos outros e às situações como são, sem disfarces. Já um pensamento D é a convicção mais pura que desenvolvemos em algum ponto de nossas vidas (geralmente, durante os anos de nossa formação) e que agora impede a conquista da unidade e da paz. Sem saber como um pensamento D funciona, o conjunto de emoções que ele desencadeia acaba controlando as nossas decisões e nosso modo de ver o mundo.

Como os pensamentos D diferem de pessoa para pessoa, as mesmas circunstâncias que chateiam uma pessoa não atingem outras. Outra característica é a necessidade de tê-los todos os dias. Funciona da seguinte forma: preparamos nossa mente no início do dia, logo depois de acordarmos. Este é o momento em que fazemos o *download* — ou melhor, trazemos à consciência um ou dois pensamentos D, que desencadeiam praticamente todas as perturbações mentais que sentimos durante o resto do dia.

Ter consciência desse *download* automático matinal e duvidar de sua natureza nos permite enfraquecê-los. Lembre-se de que só aceitamos um pensamento D se acreditamos nele. Se conseguíssemos bloquear esses pensamentos no momento em que surgem, seríamos totalmente livres. Por que então decidimos aceitar os pensamentos D? Lembre-se de que o ego é o seu desejo de se distinguir e se separar das outras pessoas (pelo menos até certo ponto).

Uma das melhores oportunidades para chegar ao ponto que realmente está bloqueando a nossa integridade, a nossa unidade, o nosso amor, é identificar o exato momento em que tomamos a decisão diária de nos entregarmos aos pensamentos D. Este é o objetivo, mas muita gente ainda não chegou lá.

Libertação 10

uma libertação fundamental | Tempo sugerido: 4 dias ou mais

- No instante em que você desperta, veja se a sua mente se mantém relativamente vazia pelo menos por alguns segundos.

Observe e anote os pensamentos que você tem nos primeiros cinco minutos. Se estiver com pressa, anote apenas o tema central de cada um e, mais tarde, preencha os detalhes.

- Descreva também a disposição ou o humor que esses pensamentos projetam no seu dia.

Os pensamentos D, à primeira vista, podem não estar relacionados ao dia que começa, mas dão o tom a tudo o que acontece. Se você sentir uma raiva em relação a determinado grupo de pessoas, ou lembrar uma velha opinião a respeito de certo conhecido, ou mesmo alguma tristeza relacionada a eventos há muito ocorridos, pode ter certeza de que há um pensamento central por trás dessas emoções — e este pensamento penetrou em sua mente logo no início daquele dia.

A seguir alguns pensamentos D que surgiram em nossas palestras de aconselhamento. Veja se eles "dizem" alguma coisa a você:

Eu sempre tenho de fazer todo o trabalho.

Jamais me compreenderão.

Meu companheiro (irmão, mãe, pai, etc.) está na raiz de minhas dificuldades.

Nada funciona comigo.

Tenho uma missão especial neste mundo. (Sou mais amado(a) por Deus, Conheço uma verdade que os outros não conhecem, tenho um papel a cumprir...)

Sempre serei uma pessoa solitária.

Tenho uma vida fascinante. (O destino está a meu lado, tenho sorte, tenho um bom carma, as coisas funcionam para mim.)

Se ao menos eu tivesse liberdade... (Sempre cortam a liberdade da gente.)

> Eu atrapalho a felicidade de todo mundo. (Faço todos sofrerem.)
>
> Nunca tenho tempo suficiente. (Tenho de fazer isto já.)
>
> Como sou uma pessoa superior, meus pensamentos são sempre adequados.

Alguns pensamentos são positivos, o que leva à falsa sensação de que não há necessidade de tirá-los de sua mente — afinal, essas pessoas se sentem especiais, com uma imensa auto-estima. Aí é que está a dificuldade. As pessoas com um pensamento D do tipo "Sou otimista, sou alegre, sempre vejo as coisas de maneira otimista", aos poucos se distanciam dos que estão à sua volta. A insistência em revidar a conversa negativa com uma conversa positiva exige uma permanente ginástica mental enquanto lutamos para ver tudo de maneira otimista.

> Qualquer pensamento "positivo" ou "espiritual" que nos separe dos outros nos separa também da igualdade e do companheirismo e invariavelmente nos torna críticos em relação àqueles que pensamos ser diferentes.

O antídoto para o pensamento cínico não é o pensamento otimista, porque isso significa que estamos reagindo, nos colocando como vítima do que os outros dizem, vítima de nossa própria mente e além disso impondo uma interpretação pessoal dos acontecimentos. Com a mente calma e plena, somos capazes de responder com empatia e de ver com clareza, de forma intuitiva e livre. Reconhecemos o que é destrutivo e o que não é, mas não sentimos nenhuma necessidade de impor nossa visão aos outros.

No caso de um pensamento D do tipo "Nada funciona", a pessoa interpretará assim os eventos do dia e muitas vezes fará o necessário para garantir que as coisas não funcionem mesmo. Por isso é bom começar a vasculhar a mente no momento em que você acorda para ver a diferença entre a mente clara e aquela dominada por uma determinada definição da realidade. A atitude que se toma ao acordar a cada manhã, em geral, é bastante sutil porque é automática. Um jeito de identificar o momento em que um pensamento D aparece na mente é tentar perceber alguma alteração no nível de energia ou de humor logo no início do dia.

- É importante monitorar a sua mente ao longo do dia para ver se um ou dois dos pensamentos da manhã continuam a aparecer. Você talvez tenha de trabalhar de trás para a frente para detectá-los. Primeiro, observe uma disposição conhecida, depois busque em sua mente a linha de pensamento que há por trás dela. Não é necessário anotar essa parte, apenas observe-as por alguns segundos, depois libere a sua mente e deixe-a pensar da maneira habitual.

A Libertação 10 é um exercício importante e seria melhor realizá-lo na íntegra por um mínimo de quatro dias. Lembre-se de que descobrir seus momentos egoístas, vingativos, mesquinhos, arrogantes, fracos, ansiosos e afins, não ajudará a atingir o objetivo de conquistar mente plena e desintoxicada. Há uma grande diferença entre desvendar pensamentos que você já tem e organizar esses pensamentos. O impacto de qualquer pensamento fragmentado será sempre negativo no que se refere ao bem-estar e prazer na vida. Portanto, observe os efeitos de seus pensamentos sobre você e sobre os outros, mas não tire conclusões. Preocupar-se bastante é diferente de se definir como pessoa ansiosa ou pessoa sem fibra.

É natural que, ao fazer o trabalho sugerido neste livro, você talvez não goste do retrato em preto-e-branco de seu ego. Não se trata de autoflagelação ou uma visão endurecida do que você é realmente, mas sim a aceitação clara e firme de que você tem pensamentos e impulsos que considera negativos. Esta autocrítica leva-o exatamente ao processo de desprendimento, que é o objetivo deste livro.

Cinco

Aceitando a vida como ela é

O dia começou bem. Até agora não xinguei nenhum motorista, não comi doces nem coisas gordurosas, nenhum membro da família discordou de mim e não aconteceu nada desagradável no trabalho. Está tudo indo muito bem, a não ser por pequeno detalhe: ainda não me levantei, o que significa que ainda não enfrentei a avalanche de interferências que surgem a todo momento sobre como "assumir o controle de sua vida".

Nós somos o primeiro fator com que teremos de lidar nessa primeira decisão do dia. Será que você decide o momento exato em que levanta, a posição exata de suas pernas, as sensações nas juntas e nos músculos, o pé que pisará no chão primeiro, sua disposição geral quando finalmente consegue levantar? Será que você controla o que estará pensando?

Considere a hipótese de seu parceiro ou parceira ter um pensamento de luxúria e agarrá-lo para uma sessãozinha matinal, ou ainda de você ser abatido por uma súbita cãibra ou por um filho pulando em cima. Sejamos honestos: será que alguém controla o mais básico de todos os atos: começar o dia? Não, é claro que não. Na verdade, *não controlamos nada*. É por isso que ser solteiro não nos dá independência, ter saúde não nos dá proteção e assim por diante.

Fomos criados para acreditar que a essência do controle é confiarmos em nós mesmos, antes de mais nada. No entanto, quando pensamos em nós mesmos em primeiro lugar, em que estamos pensando?

Abrindo mão do eu, do meu e do para mim

Se fechamos os nossos olhos e procuramos aquele cantinho dentro de nosso coração em que sentimos a serenidade e a paz, sabemos que ela está ali, sempre à espera. O que não controlamos é ativado por outra parte de nossa consciência: o ego, a mente em conflito, aquele pedacinho da mente que identificamos como o *eu*, o *meu* ou o *para mim*.

Quando nos perguntamos o que queremos, estamos consultando apenas esta parte de nós mesmos. Trabalhamos incansavelmente por ela, protegemos seus limites e verificamos minuciosamente o respeito e reconhecimento que ela conquista. Observamos, vigilantes, cada um de seus desejos para verificar se "nós" estamos precisando de algo. Ironicamente, ninguém controla a formação desse "eu" controlador. Trabalhamos para um tirano que não elegemos.

Embora o conjunto das necessidades do ego seja diferente para cada indivíduo, cegamente estabelecemos a nossa própria prioridade sobre qualquer outra coisa. Este egoísmo nos leva a uma visão de mundo tão estreita, mesquinha e desprezível, que, no limite, se torna uma morte emocional. No entanto, fazemos isso sem questionar as razões que nos levam a querer controlar o mundo.

Dos milhares de fatores que se combinaram para dar forma ao

nosso ego, uma coisa é certa: nós não tivemos nenhuma participação ou controle. Do estado emocional de nossos pais quando nos conceberam à maneira como nossos genes se combinaram, o que nossas mães comeram, beberam ou fizeram durante a gestação, o momento em que sua placenta rompeu, o tempo que levou para chegar ao hospital, os solavancos do carro no caminho, quem estava no plantão, o tempo que durou o parto, se, quando e por quanto tempo fomos amamentados no peito... Ufa! E ainda nem chegamos perto de nossos "anos de formação"!

Conforme-se: nem um só desses fatores foi escolha sua. Mas, ainda assim, você se dedicará de coração, alma e mente a realizar todas as vontades desse "eu" tirânico, mesmo que não queira.

LOVE STORY

Pouco antes de meu terceiro encontro com Gayle, dois colegas da universidade perguntaram se eu estava levando a sério o namoro com ela. Fiquei estarrecido com a pergunta. Imaginem... expliquei que mal nos conhecíamos — que havíamos passado apenas oito horas juntos! Falei que ela tinha posições com as quais eu não concordava quando o assunto era política e religião e que, além disso, ela fumava, bebia e comia porcarias. Resumindo, perguntei: "Será que se pode levar a sério uma pessoa que ouve música *country*...?"

Algumas horas depois, Gayle e eu estávamos estacionados na frente de uma cafeteria tentando decidir se queríamos entrar. A conversa foi mais ou menos assim:

— Você quer fazer alguma outra coisa? (eu)

— É, acho que sim... (Gayle)

— Você quer se casar comigo? (eu)

— É, acho que sim... (Gayle)

Nós morávamos em Dallas, no estado do Texas, onde era preciso esperar três dias para se casar. Uma hora depois estávamos na estrada, indo para a fronteira do estado do Oklahoma, onde se pode casar na hora.

Mais ou menos no meio do caminho, Gayle me perguntou:

— Você acha que isso vai funcionar?

— Não — eu disse. — E *você*, acha que isso vai funcionar?

— Não — disse ela.

Duas horas depois, estávamos casados. No caminho de volta para casa, Gayle disse:

— Espero que você entenda que nenhum pedaço de papel dá a qualquer homem direito sobre o meu corpo...

E, com isso, ela entrou em seu apartamento e desapareceu. Durante quinze dias, não a vi.

Nos tornamos escritores numa história semelhante.

Tivemos nosso primeiro filho com uma história semelhante.

Nos tornamos ministros de nossa igreja numa história semelhante. Já deu pra entender, não é?

Trinta e cinco anos depois, temos três filhos maravilhosos (um de um casamento anterior) e cinco animais de estimação. Este é o nosso décimo quinto livro. Vivemos numa cidade onde a temperatura pode chegar a 46 graus centígrados no verão e, nas últimas quatro noites, matamos noventa e três escorpiões adultos nos jardins ao redor de nossa casa.

Nossa vida é como a das outras pessoas: umas coisas boas, umas ruins. Ou seja: sem nenhum controle, como a vida de todo mundo.

> Algumas coisas são simples – e aqui está uma: você pode relaxar e viver a sua vida e, com isso, terá paz. Se tentar controlar a sua vida, optará por viver em guerra...

Libertação 11

Tempo sugerido: 2 dias ou mais

A. Assim que você tomar consciência de que está despertando, observe a diferença entre o momento em que decide sair da cama e o momento em que realmente se levanta.

B. Nesse mesmo dia, pense no que você estará fazendo dentro de cinco minutos. Faça perguntas bem específicas:

Em que espécie de atividade me envolverei?

Que espécie de pensamento terei?

Como estará o meu humor e a minha disposição geral?

Quando os cinco minutos passarem, compare o que você pensou que estaria fazendo com o que está fazendo.

C. Recomendo que você faça esse exercício por dois dias consecutivos.

Libertação 12

Tempo sugerido: 2 dias ou mais

- Nos próximos dois dias, observe a freqüência com que situações rotineiras não funcionam conforme o esperado. Este exercício exige um enfoque diferente. Estamos tão habituados ao caos que em geral nem reparamos que, ao prestar atenção nas pequenas coisas, podemos controlar situações e outros *egos*.

Nesses dois dias, observe cuidadosamente como o seu corpo realiza coisas que você fez a vida inteira, como calçar um sapato, acender uma lâmpada, pentear o cabelo, servir-se de um copo de leite. Questione se tudo o que está acontecendo é lógico e esperado.

Libertação 13

Tempo sugerido: 2 dias ou mais

Antes de dormir, anote as seguintes palavras e coloque-as num lugar em que possa vê-las quando acordar: *Nada dará certo hoje. Por isso, relaxarei e me divertirei.*

Admito que se trata de um objetivo um tanto estranho, mas ele põe em prática o que acabamos de discutir — ou seja: o essencial para a liberdade mental é ver o mundo exatamente como ele é e delicadamente recusar qualquer apelo interior ou exterior para mudar nossa natureza básica. Isto não significa que jamais implementaremos mudanças que poderiam beneficiar as pessoas a quem queremos bem e a nós mesmos. A idéia é que as mudanças sejam feitas pacificamente.

Não se trata de uma declaração política, um apelo ao pacifismo ou ao ideal impossível — é uma simples observação de que podemos optar entre caminhar calmamente para casa ou nos arrastar com dificuldade até lá, chutando e gritando a cada pequena distância que temos de atravessar.

Última recomendação: não faça mais do que um exercício de Libertação por dia. Cada etapa exige uma atenção diferente e misturá-las reduz a percepção do resultado de cada uma.

Sem dar importância aos resultados

Como não podemos controlar nada, podemos pelo menos controlar a decisão de querer controlar. É uma decisão simples: podemos nos desapegar e ser livres, ou lutar batalhas inúteis. Não podemos fazer as duas coisas. Ou nossa atenção está na forma ou está no conteúdo. Abrir mão do desejo de dominar o futuro, não sacrifica nada real, mas liberta o coração e a mente para a sensação de plenitude.

Um exemplo de como o controle é parecido com o amor, mas acaba provocando a separação, é a política que muitos pais e mães aplicam em casa, que é o tal "jantar em família". Se todos os envolvidos aceitam e desejam participar, ótimo, não são exemplos de controle. Mas se o "jantar de família" se tornar um acontecimento forçado, podem aparentemente criar um quadro de união — todos agora estão juntos à mesa de jantar —, mas, no fundo, são realizados à custa do verdadeiro amor e da verdadeira união.

Da mesma forma, quando um parceiro pressiona o outro para terem relações sexuais com maior freqüência, ou para conversar sobre "como foi o seu dia?", em vez de assistir a um programa na televisão, o resultado pode ser uma aparência de maior afeição, mas no fundo está aumentando a distância e sentimento de separação. O controle contém elementos da guerra e, por isso, não leva à expansão do amor.

PROBLEMA DE CASAL

Há poucos anos, Gayle e eu aconselhamos Becka e Larry, um casal que tinha um problema que cerca de 90% dos casais costumam ter: interesses sexuais diferentes. Larry queria ter relações duas ou três vezes por semana, Becka preferia uma ou duas vezes por mês. O casal havia chegado a um meio-termo: teriam relações sexuais todos os sábados à noite.

Larry achava que o fato de Becka não querer ter relações sexuais com a mesma freqüência que ele significava que ela não o amava. E Becka acreditava que a necessidade que Larry tinha de se masturbar era uma forma de infidelidade.

Primeiro, pedimos que cada um lembrasse de algo que apreciava no outro, até completarem dez coisas. Este exercício simples, em geral, leva as pessoas a saírem de suas mentes conflitantes para suas mentes pacíficas, de sua separação para sua ligação.

Em seguida, pedimos a Larry e Becka que fechassem seus olhos e perguntassem a si mesmos qual era o objetivo do sexo no casamento, que motivo teriam para manter relações sexuais e qual seu papel no relacionamento.

Os dois essencialmente nos contaram a mesma coisa: queriam que o sexo fosse um ato de amor e queriam que fosse algo que os unisse mais.

Gayle, então, se dirigiu a Larry:

— Algum dia você já fez uma refeição tão maravilhosa e comeu tanto que simplesmente não podia dar mais uma única garfada?

— Muitas vezes... — disse Larry.

— Pense em como se sentiria se, toda vez que terminasse uma refeição como essa, Becka lhe dissesse: "Larry, quero que você coma outra refeição do mesmo tamanho... e, se você realmente me ama, você fará isto agora mesmo." Como mulher, posso garantir que essa é a sensação que dá ao pensar em ter relações sexuais quando não se tem vontade.

De minha parte, tentei explicar para Becka a diferença entre o desejo sexual da maioria dos homens e o das mulheres. Eu disse a Becka que exigir que Larry tivesse apenas duas relações sexuais por mês sem direito nem mesmo ao seu prazer solitário era como pedir que ele comesse apenas uma vez a cada dois ou três dias sem fazer um lanche...

O resultado da sessão: Becka resolveu ser mais compreensiva e deu uma semana de "passe livre", em que Larry poderia ter as relações que desejasse com ela. Larry, por sua vez, concedeu a Becka "cinco desejos" para que eles pudessem melhorar suas relações sexuais. Os dois também decidiram pesquisar outras experiências eróticas. Mais importante ainda, eles tentariam outras abordagens até encontrarem uma que funcionasse. Em outras palavras: concordaram em resolver o problema de algum modo.

Meses depois, eles nos contaram que, após uma série de erros e tentativas, chegaram a uma abordagem "bastante agradável" e que o sexo já não era mais problema. Eu bem gostaria de poder dizer que eles tiveram uma fabulosa vida sexual para sempre — mas uma vida sexual agradável, com apenas uma e outra dificuldade, já é um sucesso...

Evidentemente, nem todos os casais resolverão este tipo de problema tão rapidamente quanto Becka e Larry, mas é instrutivo entender o que levou os dois a se acertarem:

1. Eles pararam de tentar controlar um ao outro.
2. Os dois mudaram o foco de suas necessidades individuais para as de um casal.
3. Olhando-se com afeto, viram que cada um queria tornar mais fácil a vida do outro e decidiram escutar as necessidades do outro.
4. Os dois fizeram um plano e experimentaram, compreendendo que se partes desse plano não funcionassem, eles continuariam tentando até encontrarem uma solução que agradasse aos dois.

Resumo: desistiram de tentar controlar e admitiram que só é possível controlar a própria atenção. Se nos concentrarmos no que une, conforta e tranqüiliza a nossa mente, e não deixarmos nenhum pensamento bloquear essa concentração, saberemos quando encontrarmos aquilo em que acreditamos mais profundamente porque nos sentiremos felizes. Este sentimento mostrará a sua ligação e a sua união com as pessoas à sua volta.

Seis

Aprendendo a ficar livre do conflito interior

Sei muito bem que identificar e limpar a mente de pensamentos perturbadores é algo que vai contra os valores do momento atual. Nossa cultura valoriza muito tudo o que é perturbador, como algo pleno de significado e profundidade. Bandas de rock pauleira, apresentadores de programas tipo "mundo cão" e celebridades espalhafatosas não poupam esforços para "sacudir a apatia da platéia". Com retóricas cheias de antagonismos, eles polarizam as opiniões e são muito bem recompensados não só financeiramente, mas acima de tudo com os spots mais brilhantes da mídia.

Quando estamos perturbados, temos a ilusão de estar fazendo algo importante, cheio de significado. É como se a perturbação fosse, por si, uma realização. Um bom exemplo são as pessoas que lêem regularmente as seções de editorial e opinião dos jornais — em geral, consideradas "mais profundas" do que as que não lêem. Como raros são os jornais que oferecem uma seção de igual tamanho com os caminhos que o leitor pode tomar para ajudar a resolver os problemas suscitados nos artigos, resta o jogo de cena. Idêntico, aliás, ao que acontece com aqueles que saem do cinema, depois de assistirem a um filme instigante, decididos a fazer alguma coisa em relação à questão apresentada. Elas ficam animadas para falar *sobre* a tal questão, mas não passa disso.

Estamos, de certa forma, viciados numa boa briga. Mas ficar indignado, escolher um culpado e assumir uma posição forte já é mais do que satisfatório. Lembre-se que só a tranqüilidade, e não a perturbação, alcança as profundezas de nossa mente. Para chegar a nossas convicções mais profundas, escutar nossas intuições e lembrar nosso amor pelas pessoas, só mesmo apostando na paz interior — não em palavras suaves, atitudes tímidas e lealdades instáveis.

A perturbação mental impede que você escute e sinta seus verdadeiros pensamentos e sentimentos. Com a mente livre, a tranqüilidade assume seu lugar — e você conseguirá, enfim, perceber o sol que delicadamente se ergue, enquanto folhas se abrem e pássaros cantam.

Desvendando as motivações inconscientes

Talvez em nenhum outro setor da vida a convicção de que pensamentos perturbadores são nocivos fique mais evidente do que nas relações amorosas. O tempo e a energia que despendemos tentando convencer nossos parceiros de que estamos certos é impressionante. Poucas pessoas fazem algum tipo de esforço para superar um problema no relacionamento — a maioria absoluta prefere defender seu ponto de vista.

Os problemas que afetam a maior parte dos casais que Gayle e eu aconselhamos todos os anos são bem mais significativos do que a amizade que os une. A maior queixa se resume a quanto eles se sentem insatisfeitos e desrespeitados pelo parceiro (ou parceira). O conflito, em geral, leva à separação, que até é bastante eficiente no que se refere a filhos e finanças, mas um fracasso no que se refere ao lado emocional.

A maioria monta uma história detalhada sobre o relacionamento frustrado e sai contando para todo mundo, como se alimentar opiniões alheias, mágoas e rabugices fosse um caminho para a liberdade e a saúde mental. O resultado é um mergulho profundo em pensamentos negativos. Este vício emocional faz com que as pessoas levem para seu próximo relacionamento, pensamentos muito intensos do que passaram na relação anterior. Elas agem como um "viciado", que é vítima de seu passado, não do presente.

Assim como os drogados vêem a realidade se alterar diante de seus olhos, quando um novo relacionamento é visto sob as lentes de um relacionamento antigo, a causa da distorção não é evidente nem termina em minutos ou horas, como acontece quando a droga desaparece e seu usuário vê novamente a cena original. Cada falha em um novo relacionamento reforça essa distorção e um belo dia o amor se esgota. Não importa que racionalmente você perceba que esses sentimentos são irracionais — sua impressão imediata corre sempre o risco de ser distorcida pelas influências recebidas no passado.

Não é possível experimentar o potencial do novo relacionamento se você ainda está vivendo o antigo de corpo e alma. A boa notícia é que as pessoas que conseguem se livrar dessa "bagagem" emocional, conquistam a liberdade. Não importa o quanto tenham sido magoadas, se elas se conscientizarem desses pensamentos, podem escolher como querem se sentir ou agir.

A consciência é a maior arma

Sempre que sua mente achar que a história está se repetindo, reagirá destruindo o novo relacionamento. Por isso, identifique logo se você ainda está apegado a algum relacionamento frustrado e mude o seu modo de pensar: você por acaso diz que não "agüenta" aquela pessoa, que ela deixa você "doente", que "dá arrepio só de pensar" nela, que tem "sorte" de ter sobrevivido ao relacionamento, que ela "precisa de ajuda", que é "realmente" muito neurótica, que aprendeu "a lição", que é uma "sorte" estar "fora daquilo", que "nunca mais" cometerá "aquele erro de novo"?

O que podemos fazer com estes pensamentos destrutivos? Examine-os friamente e solte-os. Isto funciona com qualquer tipo de relacionamento que tenha dado errado.

> Se você não aprender mais nada com este livro, por favor guarde isto: você age com base no que acredita. Se continuar acreditando, agirá da mesma forma repetidamente.

Libertação 14

Tempo sugerido: 1 dia ou mais

- Este exercício exige total honestidade e atenção. Portanto, arranje vinte minutos ou mais de seu tempo e vá para um lugar onde não haverá nenhuma interrupção. Leve papel e lápis para escrever e acomode-se confortavelmente.
- Nesse período de recolhimento, concentre-se apenas no primeiro relacionamento que tenha dado errado na sua vida. Comece por aquele que acredita ter sido o mais influente.

Sei que não é muito agradável pensar nas possíveis falhas de relacionamento com pessoas que você ama. Na verdade, aprendemos mais depressa e mais profundamente se examinarmos com honestidade nossos próprios erros e os erros dos outros. Encare essas experiências como lições.

- Comece com a sua memória mais antiga desse relacionamento e prossiga em ordem cronológica até o presente. Se, a certa altura, o relacionamento deu uma reviravolta e se tornou positivo, continue apenas até o final do período negativo.

Examine cuidadosamente qualquer evento que ainda lhe seja perturbador. Memorize as emoções que sentiu e, se puder, os pensamentos que teve durante a perturbação. Passe então ao evento seguinte.

- Seria melhor não ter mais de duas sessões desse tipo por dia, embora seja recomendável repeti-las quantas vezes forem necessárias para cobrir o período deste único relacionamento.
- Quando chegar ao fim, resuma a atitude ou o pensamento central que surgir em sua mente ao rever essa lista. Este será um de seus pensamentos D (*desencadeadores* de alguma emoção).

Libertação 15

Tempo sugerido: 1 dia ou mais

- Pense no relacionamento amoroso mais recente que deu errado. Siga o mesmo procedimento usado na Libertação 14.
- Depois de ler e resumir sua lista de pensamentos sobre este relacionamento, compare com o resumo que escreveu para a Libertação 14. Selecione um pensamento que seja comum a ambas. Exemplo: se o pensamento que resume a Libertação 14 foi "Sempre sou eu quem causa o problema" e o pensamento que resume a Libertação 15 foi "Não importa o que eu faça, nunca é o bastante", um pensamento que cobriria os dois poderia ser: "Estou sempre causando problemas para todo mundo, porque nunca vou até o fim das coisas." Naturalmente, este seria o seu pensamento D mais detalhado.

As Libertações 14 e 15 são bons exercícios de intuição. Tente sentir qual foi a herança do antigo relacionamento que ressurgiu no atual. Lembre-se: a consciência é o fator essencial para a limpeza da mente e para sua integração.

A IMAGEM DE "PERDEDORA"

Gayle recebeu um e-mail de uma certa Maggie, contando que há mais ou menos seis meses havia começado a notar que se sentia triste depois de sua conversa semanal por telefone com a mãe. Gayle perguntou se isso já acontecera antes. Maggie disse que não, sua mãe era muito saudável e nada de incomum lhe acontecera nos últimos tempos.

Gayle disse a Maggie que, após os telefonemas das próximas duas semanas, se concentrasse na tristeza que sentia e anotasse todos os pensamentos que passassem pela sua cabeça naquele instante.

Duas semanas depois, Maggie enviou um e-mail contando que as palavras *perdedora* e *você é uma perdedora* não saíam de sua cabeça, e dizia: "...mas minha mãe não é uma perdedora. Ela é uma professora muito popular entre os alunos e até ganhou um prêmio. E eu tenho uma carreira maravilhosa como terapeuta física e também não me considero perdedora."

Gayle sugeriu que Maggie procurasse em sua memória tudo o que houvesse em torno da palavra *perdedora* e que anotasse os pensamentos que lhe ocorressem depois de mais um telefonema à mãe. Na semana seguinte, Maggie enviou outro e-mail, desta vez excitadíssima com o que havia descoberto.

Seis meses antes, seu pai, que se divorciara quando Maggie tinha dez anos, viera à cidade e os dois haviam almoçado juntos. Naquele momento, o pai contara para Maggie que se divorciara de sua mãe porque "ela era uma perdedora", que não tinha nenhum objetivo maior do que ser professora de escola primária. O pai de Maggie era médico e tinha ido embora com uma médica.

Gayle perguntou a Maggie se havia algum aspecto em sua vida que não dera certo. Maggie respondeu que estava com trinta e sete anos e jamais conseguira manter um relacionamento permanente. Disse que o homem que estava namorando queria casar, mas algo a impedia de aceitar. Ele era maravilhoso, mas ela se sentia relutante. Mais uma vez Gayle sugeriu a Maggie que refletisse calmamente sobre aquela emoção e anotasse todos os seus pensamentos. Desta vez, ela devia anotar tudo o que sentisse sobre essa relutância.

No penúltimo e-mail, Maggie contou a Gayle que desvendara um pensamento muito louco. "Era o seguinte: *se eu me casar, me tornarei uma perdedora.* Como posso ter pensado uma coisa dessas?" Gayle respondeu: "Porque você viveu durante muitos anos em uma casa onde seu pai tinha a profunda convicção de que a sua mãe era uma perdedora. Você é metade seu pai e metade sua mãe, de modo que naturalmente internaliza esse pensamento da perdedora — que se mostrou forte o bastante para romper o seu lar."

No último e-mail, Maggie contou a Gayle que havia discutido o assunto com o namorado e que ele a apoiara. Embora ainda não houvesse decidido se casar, ela o convidara para se mudar para sua casa. Os dois veriam como a coisa funcionaria...

Como na história de Maggie, a maioria das pessoas com quem Gayle e eu trabalhamos identificam como origem de seu pensamento D uma experiência da infância. Não é coincidência que esses pensamentos D — os pensamentos desencadeadores — sejam irracionais. Apenas uma compreensão mais profunda de suas origens pode tirar sua força. É difícil acreditar que uma idéia tão ridícula como "Meu pai achava que a minha mãe era uma perdedora, portanto, eu me tornarei uma perdedora se me casar" poderia ser responsável por quinze anos de incapacidade de aceitar um compromisso. É claro que não deveria ter acontecido... mas aconteceu!

> Não perca seu tempo julgando seus pais. Eles também tiveram pais...

As pessoas discutem o que seus pais fizeram em tom indignado. Todos nós cometemos este equívoco, mas em algum momento temos de admitir que as únicas perguntas significativas a fazer sobre o passado são as seguintes: "Quando aceitarei o fato de que o que aconteceu, *aconteceu*?" e "Quando aceitarei a responsabilidade pelo ego que tenho?".

Libertação 16

uma libertação de necessidades especiais

Este exercício é específico para os que tiveram uma série de relacionamentos amorosos que não deram certo. Se você repetidas vezes chegou a pensar que estava envolvida e esse relacionamento terminou, é bastante provável que esteja ocorrendo algo mais do que puro azar. Um indício importante é ver se existe alguma semelhança na maneira como a maioria deles termina. Por exemplo: se é você quem vai embora ou se é a outra pessoa, se a outra pessoa é casada ou está envolvida em outro relacionamento, se o rompimento é por causa do dinheiro ou se é porque a outra pessoa não quer se comprometer.

Sua reação emocional pode ser o fator comum — alguma característica da aparência da outra pessoa (maneira de andar, falar, comer, se vestir) que se torna um incômodo a ponto de você usar aquilo como desculpa para o rompimento; algo que surge nas conversas (a maneira como analisa ou deixa de analisar um assunto, sua cultura, suas idéias políticas) se torna uma obsessão negativa, ou então alguma emoção bem conhecida (necessidade de ir embora e sentir-se livre, crescente inquietude, nervosismo ou perturbação generalizada, insegurança ou paranóia) faz você enxergar cada vez mais "cartões vermelhos".

Sempre haverá um ou dois encerramentos que foram exceções, mas, se a maioria tiver semelhanças na ação ou no sentimento, é indício da atuação de um pensamento D.

O exercício seguinte é especialmente eficaz para desvendar os pensamentos que tomam conta dos sentimentos e percepções, assegurando o fim de cada relacionamento novo. Para que esta Libertação funcione, é essencial a sua disposição de realizá-lo por inteiro.

- Começando pelo seu mais recente relacionamento amoroso (a não ser que o tenha usado na Libertação 15), inicie com o primeiro sentimento ou evento perturbador que tenha ocorrido e reexamine-o tão detalhadamente quanto possível. Anote tudo o que lembrar sobre esse primeiro pequeno problema ou grande abalo, inclusive os pensamentos que passaram pela sua cabeça naquele momento.
- Depois de reexaminar inteiramente essa primeira perturbação, volte às origens de cada pensamento anotado. O que aconteceu pouco antes da perturbação que este pensamento faz recordar? O que aconteceu antes disso? E assim por diante, vá ao passado mais distante que conseguir lembrar.

É importante não analisar o significado de cada pensamento. Preste atenção apenas no que pode ver. Quando não estiver vendo mais nada, passe para o próximo pensamento e continue até ter seguido a pista de todos.

- Escolha agora o sentimento ou evento perturbador seguinte ao primeiro relacionamento que deu errado e elabore da mesma maneira. Depois, faça o mesmo exame em seu penúltimo relacionamento falho. Continue com cada relacionamento, até chegar ao primeiro que não deu certo.
- Leia tudo o que escreveu, se possível numa única sessão. Os pensamentos inconscientes que assumiram o controle da sua vontade estarão claros como o dia.

Escapando dos bloqueios que atrapalham os relacionamentos

Para pôr em prática as conquistas obtidas com a Libertação 16, escolha um parceiro adequado. Não é lá muito espiritual ou "emocionalmente correto" utilizar-se de classificados, caixas postais da Internet, freqüentar bares de solteiros ou lugares e eventos onde é provável que esteja o tipo de pessoa por quem você procura. Mas não há mal algum em testar sua disposição mental para um relacionamento permanente e feliz.

É tolice afirmar que seja mais natural esperar que as coisas importantes venham até nós. Existem histórias de encontros maravilhosas. Há pessoas que pesquisam bastante quando estão procurando uma criança para adotar. Quando se trata de encontrar um bom parceiro, parece que — não se sabe lá o motivo — se espera que de alguma forma o universo, ou Deus em pessoa, providencie o serviço. Se existem algumas batalhas inúteis das quais podemos nos libertar, essa, com certeza, é uma delas!

Dizendo não aos "pensamentos-chiclete"

Se você observou direitinho seus pensamentos, deve ter notado que um desfile de imagens e idéias passa sem parar pela sua mente. De vez em quando há um pensamento que prende a nossa atenção, e começamos a ruminá-lo. É o "pensamento-chiclete". Entender como esse tipo de pensamento funciona pode ser muito útil no processo de desprendimento de emoções menores. Veja por quê:

- Qualquer pensamento em que não acreditamos ou que não consideramos importante não perturbará nossa integridade e paz.
- Qualquer pensamento que nos preocupa causa emoções perturbadoras (medo, raiva, preocupação, ódio, desânimo, ansiedade, inveja, ciúme e afins).
- Pensamentos que produzem emoções perturbadoras nos fazem tomar decisões conflitantes.
- Todos os pensamentos que produzem emoções perturbadoras contêm amplos aspectos inconscientes — ou seja, vemos apenas uma parte do pensamento.
- O aspecto inconsciente do pensamento provoca fascínio e muitas vezes nos vicia.
- Não adianta acrescentar pensamentos positivos a uma emoção perturbadora. Isso apenas divide a mente ainda mais.
- A parte inconsciente — e não a consciente — do pensamento dita as emoções que sentimos.
- Fixar um pensamento é uma escolha. Somos livres para inverter ou alterar essa escolha no momento desejado.
- Uma forma de libertar um pensamento preocupante é torná-lo consciente. Ao enxergá-lo em sua plenitude, não acreditamos nele, não o desejamos e de bom grado o libertamos.

Libertação 17

Tempo sugerido: 1 dia ou mais

Enquanto observamos calmamente o desfile de pensamentos passar à nossa frente, não causamos nenhum problema. Se saímos atrás de algum pensamento que acidentalmente atravessa nossa cabeça, imediatamente damos início a tumultos mentais inúteis.

- Pratique hoje, e amanhã se puder, o que poderá ser o início de um hábito de toda a sua vida. Sempre que tiver um momento de calma, observe cada pensamento que surgir em sua mente e a emoção que vier atrás dele. Seu único objetivo é examinar com clareza cada pensamento e reagir com serenidade. Não ataque, não julgue, não venere, apenas reconheça a sua presença e observe.
- Enquanto estiver na posição de espectador, você talvez note um lugar na sua consciência em que já sente calma e felicidade. Neste lugar, você pode ignorar o desfile de pensamentos com segurança.

Deixando a tristeza para trás

Um excelente maneira de se desapegar dos conflitos é mergulhar a mente na serenidade. Não importa se retiramos o lixo mental por meio da consciência ou inundando a mente com pureza, pois o resultado será o mesmo: a mente sem conflitos. É bom ter as duas opções, limpeza e imersão na consciência. Com certeza haverá momentos em que algum pensamento perturbador vá se agarrar com tal força em nossa mente que teremos de soltá-lo antes que a imersão seja possível.

O problema não é a incapacidade de limpar nossas mentes. Na verdade, nós as inundamos com muitas memórias e linhas de pensamento. Podemos escolher o caminho do divertimento para limpar a mente em vez do caminho que a polui. O riso, a gargalhada que aproxima as pessoas, tem a capacidade de nos libertar instantaneamente da ansiedade, do desânimo e de todos os estados fragmentados. Muita gente pensa que só pode começar a rir se for surpreendida, mas o riso é, na verdade, uma forma de desprendimento.

Como já mencionei, as crianças pequenas chegam ao mundo exercendo naturalmente a capacidade do desapego por meio do divertimento e do deleite. Elas sorriem *trinta e cinco vezes mais* do que os adultos. Elas se divertem por antecipação e, por isso, conseguem evitar que pensamentos perturbadores se instalem em suas mentes. Instintivamente, elas passam de um tema perturbador para um tema prazeroso.

O CAÇADOR DE PESADELOS

Há alguns meses recebemos a visita de um amigo. Ele comprou um "caçador de sonhos" numa loja que vende artefatos dos índios norte-americanos. O objeto tem a forma de uma redezinha redonda, feita com uma trama de couro cru e contas e penas especiais para "limpeza". Colocada acima da cama, ele "caça" os sonhos ruins antes que estes possam entrar no seu sono, mas deixa os sonhos bons passarem.

Nosso amigo nos disse que era um presente para a filha dele, Sarah, de quatro anos, que nas últimas semanas estava tendo uma série incomum de pesadelos. Ela adorou o presente e deu um enorme abraço no pai. Naquela mesma noite, Sarah saiu da cama e foi até o quarto dos pais:

— Papai, *preciso* do meu caçador de sonhos agora!

Nosso amigo foi até o quarto de Sarah e olhou em volta, procurando um lugar para pendurá-lo. O caçador de sonhos não apenas deve ser pendurado acima da pessoa que sonha, mas também num ponto em que os raios do sol caiam sobre ele. Os sonhos ruins se dissolvem como o nevoeiro que desaparece com a luz e o calor do sol matinal. Não havia um lugar ideal, mas como o tom da voz de Sarah era de emergência, ele decidiu prender o artefato no ventilador do teto. Quando conversei com ele muitos meses depois, soube que Sarah nunca mais tivera nenhum pesadelo. O presente a deixara tão feliz que ela rapidamente trocou a infelicidade pela felicidade.

Muita gente questiona essa abordagem, alegando que ela não chegaria ao que estava causando os pesadelos. Em mentes cheias de conflito como as dos adultos, talvez seja verdade, mas crianças da idade de Sarah não possuem muita coisa oculta, como demonstrou o fato de que os pesadelos nunca mais voltaram.

UM PAI JUSTO

Um indivíduo ligou para minha casa e perguntou:

— Quem está falando?

— Hugh Prather — respondi.

— O meu telefone registra uma ligação feita da sua casa.

— Que ligação? — perguntei.

— Um menino ligou para minha casa e pediu para falar com a minha filha. Eu lhe disse que ela não estava e perguntei quem estava falando. Ele disse: "Não se preocupe, eu a encontrarei daqui a uma hora no jogo" e desligou.

Pedi ao pai que aguardasse e perguntei a meu filho de quinze anos e seu amigo se eles sabiam que história era aquela. Tinha sido o amigo de meu filho. Quando voltei ao telefone e confirmei que a chamada fora feita de minha casa, ele disse que havia gravado a ligação e que eu poderia ir até lá para escutá-la e ouvir com meus próprios ouvidos que o menino não tinha dado seu nome. Falou ainda que nada sabia sobre a minha casa, mas que na dele esse tipo de comportamento não era tolerado. Perguntei-lhe se já recebera alguma outra ligação do meu telefone. Ele me disse que este não era o caso. A questão é que devíamos ensinar aos nossos filhos um "comportamento moral" — e bateu o telefone.

Mais tarde, naquele mesmo dia, meu filho e o amigo voltaram contando que o pai da garota fora ao jogo e se enfurecera com a filha por ter "esse tipo de amigos". Disseram ainda que, assim que o pai se afastou, contaram a ela o que havia acontecido.

— Ela ficou furiosa porque o pai dela ligou pra cá! — informaram os dois, exultantes.

Os adolescentes costumam não deixar seus nomes. Se esta pequena característica do comportamento humano pode causar esse tipo de enfrentamento, que chance tem esse indivíduo de algum dia experimentar um único dia de paz e felicidade?

> Dentro de suas mentes, os que se acham superiores estão em guerra com os outros.

Não foi a ligação o que deixou esse pai tão perturbado, mas sim a imagem fragmentada que ele tem de si mesmo. Na sua cabeça, ele era um indivíduo cheio de correção e virtudes... portanto, alguém com quem não se brinca. A ausência de humor desse pai bloqueou sua intuição e experiência. Fez com que entendesse de maneira equivocada a motivação e presumisse que a intenção do menino que telefonou fosse desrespeitá-lo. Entre se divertir e se sentir ofendido, ele só conseguiu se isolar e se incomodar, principalmente consigo mesmo.

UM CASAL FLEXÍVEL

Duas semanas antes do incidente relatado, um casal me contou que seu filho de nove anos fora brincar com algumas crianças do outro lado da rua e uma meninazinha de cinco anos, de repente, lhe deu um pontapé. Numa reação, por reflexo, o menino atingiu a boca da menina, fazendo cair um dente de leite que já estava solto. Quando o pai e a mãe da menina viram a filha chorando, com a boca sangrando e segurando o dente na mão, o menino já havia atravessado a rua. Furioso, o pai foi atrás do menino, levantou-o no ar pela gola e sacudiu-o. Depois arrastou-o para seu lado da rua e gritou com ele durante muitos minutos.

O casal me contou que, ao descobrir o que havia acontecido, primeiro examinou cuidadosamente o filho para ver se ele estava bem física e emocionalmente. Depois, o impulso dos dois foi atravessar a rua e devolver o ataque ou, como eles disseram, tentar sentirem-se melhor fazendo o outro sentir-se pior.

É interessante que, em situações que envolvem nossos filhos, quando o desejo de devolver um ataque é examinado em minúcias, vemos que o que nos faz reagir é principalmente indignação pela maneira como a criança foi tratada. E não necessariamente um desejo de melhorar o bem-estar dela. De alguma forma, os pais do menino conseguiram parar e refletir sobre como poderiam realmente ajudar seu filho. Em primeiro lugar, fizeram-no saber que, embora ele houvesse cometido um erro, o pai da menina cometera outro. Resumindo, disseram que estavam a seu lado. Foi preciso mais de uma hora para os três decidirem tranqüilamente o que desejavam fazer. Depois de algum tempo, chegaram a um plano com que todos concordaram.

A família atravessou a rua e tocou a campainha. A mãe abriu a porta pronta para uma briga. Eles apenas disseram o quanto gostavam da menina, o quanto apreciavam aqueles vizinhos e o quanto lamentavam o incidente. Conforme haviam planejado, não disseram uma palavra sobre o que seu marido fizera. De repente, a mãe da menina começou a chorar e a pedir desculpas pela maneira como seu marido tratara o menino. Evidentemente, a reação da mãe depois de abrir a porta poderia ter sido completamente diferente. Ela poderia ter recusado as desculpas, poderia ter batido a porta na cara dos vizinhos, poderia tentar processá-los ou chamar a polícia.

Os pais do menino uniram suas mentes em torno do amor pelo filho para fazerem o melhor. Conseguiram acalmar o que poderia evoluir e se transformar numa situação extremamente problemática.

Libertação 18

Tempo sugerido: 2 dias ou mais

A. Uma ou duas vezes por dia, faça o seguinte exercício: determine dois pontos e enquanto caminha de um para o outro, repita silenciosamente:

- Enquanto caminho de .... para .... (desta cadeira até a porta, do quarto para a cozinha), olharei com bom humor para tudo o que estiver na minha frente.

B. No mesmo dia em que fizer o exercício A, separe também uma ou duas tarefas que exigem pouco tempo e, antes de começar, repita:

- Enquanto eu estiver .... (largando isto na loja, dando comida para o gato, lavando esses pratos), olharei com bom humor para tudo o que acontecer.

Até mesmo se você fizer A e B com certo desânimo, começará a lembrar como era olhar o mundo com olhos cintilantes.

Para praticar o bom humor por antecipação:

- Observe que a mente em conflito é temporariamente deixada de lado em favor de uma disposição mais simples e tranqüila.
- Observe como esta sua nova disposição permite que você veja mais detalhes e nuances das situações nas quais você se envolve.
- Observe como esta sua nova disposição lhe permite relaxar mais e aceitar as pessoas e as situações como elas são.
- Observe que sempre que opta por se divertir, você é mais útil para si e também para os outros — e sem sequer ter de pensar nisso...

Sete

Abrindo mão da "sinceridade"

Em nome da simplicidade, vou chamar nossa capacidade de ver e sentir o que acreditamos ser real, mesmo quando não é o caso, de "projeção". Como a maioria das pessoas projeta inconscientemente, é difícil reconhecer as oportunidades em que essa habilidade mental se torna uma vantagem. Uma, no entanto, é inequívoca — tem a ver com as pessoas com quem temos dificuldade de lidar.

Pessoas "difíceis" de agüentar, que "forçam a barra", que "não conseguimos suportar" despertam fortes emoções na vida de cada um de nós. Elas, sem dúvida, representam alguma coisa sobre nós mesmos de que não temos plena consciência. Sei que é difícil acreditar, mas não deixa de ser útil tê-las por perto, para nos lembrar de que ainda há muito trabalho a fazer.

Ninguém é obrigado a correr riscos, nem a conviver com alguém perturbador. Além disso, é bom ficar claro que descarto a verdade de nossa percepção intuitiva, que nos permite ver a desonestidade nos desonestos, o preconceito nos preconceituosos e a crueldade nas pessoas cruéis. É bom deixar claro que nem todo indivíduo arrogante ou perverso é uma projeção — eles existem, infelizmente.

Me refiro principalmente àquele tipo de pessoa que nos irrita, que nos deixa desconcertado, que nos coloca contra a parede. A projeção, nesse caso, está na nossa reação, acrescida ao que intuímos. Podemos sentir que determinado indivíduo tem "um toque" de mesquinharia, sem acrescentar nenhum juízo de valor. No momento em que pensamos, sentimos e julgamos, estamos fazendo uma projeção. A condenação pode parecer muito honesta, mas este é o tipo de honestidade que é melhor dispensar.

Desfazer uma projeção exige que tenhamos a exata percepção do que representam para nós as pessoas em relação às quais reagimos. Qual é a importância e o simbolismo de seu comportamento? De que anseios, pensamentos ou motivos nos fazem lembrar? O desafio é desvendar a parte de nosso ego que não estamos conseguindo enxergar, ainda que, "sinceramente", acreditemos estar vendo em outras pessoas.

Um exemplo de como funciona esse tipo de projeção inconsciente é a história do menininho que espanca seus bichinhos de pelúcia numa reprodução do que acontece com ele. O menino faz sermões ao elefante, diz que ele foi mau, diz que o que terá de fazer irá machucar mais a si mesmo do que ao elefante. Aí, bate no elefante, dizendo: "Não! Não! Não! Não!" Naquele momento, o menininho não tem a menor dúvida de que o elefante é mau. Na realidade, ele, inconscientemente, acredita ser um garoto mau.

O uso consciente da projeção mental

Uma vez que descobrimos a parte em nós que essas pessoas representam, não devemos rejeitá-la. Ao contrário, temos que aceitá-la como um aspecto inegável de nosso ego. Neste contexto, aceitar significa admitir ser como somos. A partir daí, ficamos em posição de escolher não ampliar essa parte de nossa personalidade — mas sim uma outra parte, mais profunda, livre e cheia de amor.

Um forte sentimento crítico sobre alguém, especialmente uma pessoa que faz parte da sua vida, indica que você está com dificuldade em assumir responsabilidades sobre um aspecto do seu ego. Se o seu discurso sobre a razão pela qual a pessoa a incomoda tem alguma semelhança com as frases a seguir, tome cuidado: "Ela é pretensiosa e jamais gostei disso", "Ele me lembra meu pai, que não passava de uma grande canalha de fala mansa", "Ela é realmente perigosa para os negócios, porque se faz de boazinha".

Em geral, as projeções negativas são versões de nós mesmos nos outros, com forte sentido de rejeição ao que vemos. Mesmo quando desconhecemos nossa capacidade de projeção mental, ela entra em ação, produzindo efeitos que atribuímos às circunstâncias, aos outros ou a anseios internos. Jamais devemos duvidar do poder que a nossa mente tem de sentir o que não está acontecendo. Para mudar isso, só quando conseguir ficar imune às pessoas que o irritavam — ainda que estejam se comportando como sempre. Isto significa que você passou a aceitar em si as imperfeições que via nelas.

A verdade sobre a "verdade"

> O caminho para a verdade é "estreito" – no sentido de que é puro, não no sentido de que suas opções são limitadas.

De vez em quando, nos deparamos com situações potencialmente desagradáveis ou mesmo perigosas. O exemplo clássico é convidar um alcoólatra em recuperação a se juntar com pessoas que bebem muito. Naturalmente, às vezes somos obrigados a freqüentar reuniões de colegas de trabalho, mas uma boa desculpa pode nos tirar de praticamente qualquer situação. Mesmo assim, muita gente não se permite utilizar essa opção porque tem uma definição radical de honestidade.

Qual seria a resposta "honesta" a um convite desse tipo: "Não, não irei porque você e seus amigos se embebedam e se tornam tão chatos que eu poderia voltar a beber de novo. Caso vocês não saibam, sou um alcoólatra em recuperação." Será que esse tipo de sinceridade aumenta a consciência de alguém? A franqueza total pode ser considerada uma qualidade nos dias de hoje, mas, na verdade, quando as pessoas dizem "Preciso ser honesto com você", em geral prosseguem com um discurso de ataque, abandono ou traição.

Os defensores da "honestidade" não deixam nada intocado. Muitos relacionamentos naufragam antes mesmo de começar porque os dois parceiros pensam que devem confessar todos os atos sexuais que tiveram ou pensaram ter na vida. Observe que essas confissões levam a um desentendimento maior. Elas iludem, não esclarecem.

A honestidade que vale a pena cultivar diz respeito ao que dizemos, não ao que comunicamos — e, como tal, é mais uma versão da idéia de que a aparência é tudo o que importa. É melhor sermos verdadeiros em relação ao nosso coração do que honestos em relação à nossa disposição. Não passa pela cabeça dos pais serem "honestos" quando o filhinho de três anos traz uma folha de papel e diz:

— Olha o que eu desenhei!!!

Eles consultam seu coração, seus sentimentos mais profundos, e dizem:

— Ah! Que lindo! Que desenho maravilhoso! Vamos pendurar na parede!

Esta é a *verdade*. Os pais estão sendo verdadeiros em relação ao que a criança está realmente pedindo. Não devemos nos prender a um uso muito estreito das palavras. A língua pode espalhar o desentendimento e não a compreensão. Ela fornece o calor, mas não dá a luz.

Tenho o hábito de fazer uma caminhada ao anoitecer que me leva até a beira de um riacho onde vive há muitos anos um sem-teto. Se ele estiver por ali, costuma caminhar ao meu lado. Nossas conversas não fazem muito sentido, mas há uma troca de calor humano, interesse e preocupação que faz com que sejam tão satisfatórias quanto qualquer conversa "inteligente":

— Está vendo aquele coelho? Ele está perto de nós porque há um coiote por aí... Terei de me mudar daqui a pouco... Os professores descobriram onde moro, o que significa que a máfia também descobriu...!

Os pais que se concentram no conteúdo literal da comunicação que têm nos dois ou três primeiros anos da vida de seus filhos acabam tendo "conversas" maravilhosas, cheias de guinchos, gemidos, gargarejos, tartamudeios, respirações ofegantes e bolhas de cuspe. Idem para dois jovens apaixonados que se abraçam e olham para as estrelas: o tema de sua conversa pode girar ao redor de qualquer coisa, mas eles sabem que toda a comunicação se resume em: "Eu te amo! Eu te adoro! Estou muito feliz porque você faz parte da minha vida!"

Quando conversamos com alguém, há o tema das palavras que são ditas — mas raramente este consiste na verdadeira importância da conversa para quaisquer das partes.

Libertação 19

Tempo sugerido: 1 dia ou mais

Escute a conversa entre o seu coração e suas necessidades e o coração e as necessidades de seu interlocutor. Se olhar diretamente nos olhos dessa pessoa, você "escutará" claramente o que ela está realmente dizendo para você. Repita bem devagar:

— Esta conversa é sobre algo mais do que o tema principal... O que esta pessoa está realmente me perguntando ou me pedindo e o que realmente estou dando em troca?

Em vez de ser "honesto" em relação ao tema da conversa, experimente usá-lo apenas como meio para obter uma verdadeira troca. Como queremos sentir a nossa unidade com as pessoas à nossa volta, seja cauteloso e não faça nada que as deixe na defensiva ou que as intimide.

Oito

O desprendimento do ego

Temos duas mentes, não apenas uma. É mais ou menos como ter dois estômagos — ninguém fala disso na escola. Dizem que só as vacas têm dois estômagos (na verdade, são quatro!) e fazem recomendações do tipo: "Quando seu estômago estiver cheio, pare de comer!" No entanto, você acaba descobrindo que, mesmo de barriga cheia, sempre haverá lugar para a sobremesa (especialmente de chocolate), e começará a suspeitar desse alerta. Depois de se empanturrar de doces centenas de vezes, mesmo estando com a barriga cheia, você se dá conta: todos nós temos dois estômagos, um deles só para os doces!

Da mesma forma, para acreditar na existência de duas mentes é preciso sentir os seus efeitos na própria pele. Aprender a deixar fluir o lado conturbado da mente é a chave para ampliar o conhecimento da parte tranqüila da mente. Assim que conhecemos a segunda mente, percebemos que a primeira, que eu chamo de mente do ego, é uma espécie de fantasia.

A idéia de "deixar fluir" pressupõe assumir o que somos, sem desejos de mudança. Para muitas crianças, o primeiro amigo é imaginário, enquanto o segundo é real. Elas precisam constatar as limitações de se relacionar com alguém que só existe em sua própria imaginação, para conseguir ter amizades de carne e osso. Digamos que você é uma criança pequena e que tem como vizinho um menino chamado Burt, de quem você gosta muito. Burt tem uma amiguinha imaginária chamada Lubertha. Um dia você diz para Burt:

— Você acha que a sua verdadeira amiga é a Lubertha, mas um dia você verá que a Lubertha não existe. Você inventou a Lubertha... mas eu sou real e estou pronto para ser seu verdadeiro amigo. Se nós pudermos brincar junto só um pouquinho, você começará a ver o que eu significo.

E assim, Burt começa a brincar com você — no início é um tanto assustador, mas logo Burt percebe que não há nada a temer, você não irá machucá-lo. Até que finalmente chega um dia em que Burt diz:

— Sabe de uma coisa? Acho melhor o amigo de verdade!

Parece muito simples? Conquistar uma mente clara e desfragmentada é simples porque a segunda mente — a mente real, profunda — já está no seu lugar e pronta para funcionar. Se você é como a maioria, tem usado a mente ocupada, infeliz e fragmentada por tanto tempo que esqueceu que existe a outra mente. Você pode tentar a vida inteira melhorar uma mente fraca, hiperativa e conflituosa. Mas até perceber que sua verdadeira mente é a única de que você precisa será difícil atingir uma sensação permanente de paz, relaxamento e integridade.

Como se forma a primeira mente

Para os casais, os bebês são uma imensa fonte de preocupações. Tudo pode começar com uma assadura no bumbum, uma crosta de leite na cabeça ou um ciclo de sono curto. É como se mães e pais desconstruíssem a integridade da criança. Depois de um tempo, o processo de fragmentação faz com que os pais não vejam mais um bebê, mas sim um atirador de comida, um gênio musical, um molhador de cama ou um péssimo aluno. Eles se preocupam com um aspecto específico da criança e acabam descuidando de sua felicidade e bem-estar geral.

Do ponto de vista das crianças, a menos que tenha ocorrido algum trauma incomum durante a gestação ou o parto, elas chegam ao mundo zeradas no que se refere a expectativas e ansiedades. Suas mentes são simples, unificadas e sintonizadas. Elas se sentem ligadas aos pais e querem pouco mais do que estar perto deles e se divertir com eles. O difícil é permanecerem imunes à maneira fragmentada como os pais as vêem.

PARALISIA "EMOCIONAL" OU DANO NEUROLÓGICO?

Há muitos anos, a mãe de um menininho de quatro anos veio nos perguntar como poderíamos ajudá-lo a mudar de atitude em relação a seu corpo. Aos dois anos, Sammy teve uma doença que o deixou com uma leve paralisia na metade do corpo. A mãe de Sammy acreditava que era preciso usar meios espirituais para tratar o filho. Disse que sabia que sua paralisia desapareceria se ele pensasse em si mesmo como uma pessoa normal. O pai de Sammy concordava com sua teoria.

Acompanhamos o caso durante três anos, tempo que precisamos para convencer os pais do menino a levá-lo a um neurologista e, talvez o mais importante, a se relacionarem com ele com certo grau de prazer, valorizando a criança. Sammy sempre havia sido tratado como um projeto que dera errado, não como um filho amado. Era obrigado a andar sem muletas, a experimentar todos os esportes e a afetar uma pose de "tudo bem" junto aos colegas. Os pais acreditavam sinceramente que, com o tempo, essa abordagem seria benéfica...

Nos três anos em que estivemos em contato, vimos Sammy se tornar cada vez mais tímido, frustrado e furioso. Em outras palavras, sua atitude em relação a si mesmo e aos outros começou a se fragmentar.

Nós compartilhamos a certeza de seus pais no potencial da cura espiritual — mas essa abordagem em crianças pequenas, que não compreendem conceitos metafísicos, nem sempre funciona. A leve paralisia de Sammy criou uma divisão entre ele e seus pais, que lhe disseram que a cura era um problema dele. Sammy era muito pequeno para ver a falha nesta abordagem e se defender.

Quando, enfim, Sammy foi examinado por uma equipe de especialistas, estes convenceram os pais de que o problema era conseqüência de um dano neurológico e nada tinha a ver com sua atitude. De uma hora para outra, seus pais deixaram de fazer pressão e começaram a procurar meios de trazer conforto e felicidade para Sammy em cada pequena tarefa que ele tinha de enfrentar.

A seus olhos, o filho agora não tinha nenhuma culpa e eles estavam livres para amá-lo por inteiro. No nosso último contato, Sammy tinha nove anos. Seus pais começavam a se preocupar um tanto exageradamente com a possibilidade de o menino corresponder ou não a seu potencial acadêmico...

> Qualquer coisa, até mesmo um conceito espiritual, deve ser posto de lado quando esconder o amor.

Embora a gente aprenda desde o início a triste lição de que somos partes espalhadas e não um todo unido, resta sempre um lugar que permanece intocado em nosso coração — algo semelhante à fase do sono em que estamos sonhando. Assim que adormecemos, nossa mente se divide em muitos personagens, cada qual com seus próprios planos. A parte que não é afetada pelos sonhos nos mantém respirando, nos impede de cair da cama, puxa as cobertas quando sentimos frio — e assim por diante. De manhã, quando acordamos e nos percebemos unos, a mente liberta sua preocupação com os personagens conflitantes dos sonhos e sente sua plenitude.

Apesar de cada sonho ter suas próprias leis, no momento em que acordamos nós acreditamos na realidade do sonho. Nas fantasias que temos durante o dia ocorre algo parecido. De vez em quando ouvimos uma pessoa dizendo a outra: “Ei! Onde você está? Você escutou o que acabo de dizer?” Com isto, na verdade, estamos dizendo: “Onde estava a sua mente consciente quando eu estava falando com você agora mesmo?” Provavelmente estava mergulhada em fantasias.

Se criamos companheiros imaginários e nos divertimos em sonhos e fantasias, também podemos criar uma identidade imaginária e acreditar que é isso que somos. Essa identidade imaginária que chamamos de *ego* é uma realidade tão diferente do nosso verdadeiro “ser” que não pode ser comparada com ele nem mesmo definida claramente.

Uma criança pode ser surpreendida e até sentir-se chocada pelo que dizem seus amigos imaginários — embora ela mesma esteja criando e pronunciando cada palavra. Da mesma forma, os personagens dos sonhos nos surpreendem, embora sejamos nós que os fazemos se comportarem como tal. Esses personagens do ego imaginário têm um forte sentimento de autodefesa. Um sonho, por exemplo, se defenderá criando outro sonho em que estamos despertando e nos levantando, quando na verdade ainda estamos adormecidos.

O sonho pode inclusive incorporar o som de um alarme ou qualquer perturbação externa. Quando nosso filho John tinha quatro anos, foi atirado fora da cama por um terremoto de 5,7 pontos, nós o colocamos de volta sem que ele acordasse. As crianças que molham a cama muitas vezes alegam que não são culpadas (é claro que não são) porque sonharam que haviam saído da cama e foram ao banheiro. Todos os sonhos são preparados pela mente para parecerem reais e usam uma espécie de prestidigitação mental para sustentar a ilusão.

Nosso ego também se defende. Ele cria uma série de "resistências" a qualquer experiência de unidade, amor ou comunhão (a essência de nosso "ser" real, ou segunda mente). Cada vez que conhecemos a plenitude, a primeira mente, ou ego, perde a força. Mas como foi programado para defender o seu senso de realidade, o ego sempre contra-ataca.

Observe que sempre que você e seu parceiro têm um dia de união e paz, o dia seguinte é desastroso. São os egos tentando retomar o terreno que perderam. Se você e seu parceiro perceberem a tentativa, ficarão imunes. Afinal, o ego não é uma força exterior. Você o cria e o mantém. Se não quiser, não precisa tê-lo.

> Sua experiência de comunhão com outra pessoa é a única inimiga do seu ego.

O ego, ou "identidade autônoma", só pode ser sustentado na mente por meio da comparação constante. É por isso que a sorte do outro nos afeta. Nós nos sentimos literalmente atacados quando, por exemplo, alguém que conhecemos ganha na loteria ou recebe um grande elogio. Da mesma forma, nos sentimos animados com qualquer sinal de fraqueza e perda dos que nos circundam. De que outra maneira poderia reagir o nosso ego? Na experiência do amor e da unidade, não temos nenhuma necessidade de nos comparar com outras pessoas. Não precisamos estar a toda hora perguntando quem somos, porque agora podemos sentir quem somos.

A mente coleta muito lixo mental durante nossos anos de formação, mas seu núcleo continua puro. Embora corramos o risco de usá-la de maneira conflitante, nenhuma realidade tem mais unidade básica do que a mente. Buscar nossa natureza essencial é uma tarefa que pode ser realizada com simplicidade e tranqüilidade se damos alguns passos a cada dia. A história seguinte ilustra um desses passos.

QUESTÃO DE FÉ OU REALIDADE?

Dos seis anos até a adolescência, eu adorava visitar minha avó, a quem chamava de Meemo. Quando pequeno, jogávamos paciência e conversávamos sobre Deus e, quando eu baixava a guarda, ela ainda me dava algumas aulas de costura e tricô.

Com o passar dos anos, eu via Meemo atravessar crises que teriam sido devastadoras para a maioria das pessoas. Quando seu marido morreu num acidente de avião, quando seus filhos, um por um, beberam até morrer, ou quando ela ficava doente, sempre tratava de tudo da mesma maneira. Já aconteceu de encontrá-la arrasada e, quando eu voltava, uma semana depois, percebia que ela estava muitíssimo melhor. Eu sempre dizia:

— Meemo, você está indo muito bem!

E ela sempre respondia:

— Entreguei a Deus...

Minha avó nunca explicou o que ela queria dizer com isso, nem me aconselhou a usar essa abordagem em relação a qualquer problema que tivesse, mas eu a vi fazer isso tantas vezes e durante tantos anos que comecei a perceber como aquele método era simples e forte.

Talvez essa particular capacidade mental não seja mais amplamente usada porque muitas pessoas acham que é uma questão de fé religiosa. Como não têm fé ou talvez nem queiram essa fé, acreditam que "entregar a Deus" é algo que não está à sua disposição.

A certeza de que existe *algo* — uma força, um poder, uma realidade, uma inteligência, uma presença — que entende as nossas questões, o nosso turbilhão interior, e sabe como nos conduzir para fora dele, faz com que o ato de relaxar e esvaziar a preocupação de nossas mentes seja bem mais simples do que enfrentar todo o problema sozinhos. Não é uma questão de fé, e sim uma realidade.

A história seguinte é sobre um homem que não tinha nenhuma fé religiosa, mas usou sua própria consciência para salvar sua vida.

EXERCÍCIO DE VIDA

Um dia um indivíduo me ligou e disse que seu amigo Lloyd ia tirar a própria vida. Ele explicou que não se tratava de um impulso — Lloyd havia levado muitas semanas para chegar a essa decisão. O amigo conseguira obter uma concessão: eu poderia ir à casa de Lloyd para uma conversa.

Embora fosse meio-dia, entrei numa casa tão escura que não conseguia ver onde pisava. As cortinas estavam cerradas e só uma luz bem fraquinha estava acesa. Lloyd aparentava uns quarenta anos — e não levantou quando entrei. Estava sentado num sofá na sala.

Lloyd me agradeceu por ter vindo e logo começou a explicar por que decidira cometer suicídio. Contou como havia perdido o emprego e há mais ou menos um ano sua esposa o deixara, levando a filha de dez anos. Havia envenenado tanto a menina contra ele que ela já não queria falar com o pai.

Os suicidas são muito retraídos; descobrir a maneira de ajudá-los é um jogo de adivinhação em que as probabilidades de dar certo ou errado são meio a meio. Tive sorte porque Lloyd falava espontaneamente. Enquanto Lloyd explicava por que iria se matar: sua família era tudo o que importava, e agora estava destruída, notei que ele sempre voltava às mesmas histórias e lembranças dolorosas.

Uma avaliação recorrente que tinha de si mesmo era que nunca tinha sido uma pessoa "muito *gostável*". Enquanto escutava, eu ia anotando uma lista desses pensamentos. Por fim, ele fez uma pausa e eu disse:

— Não tentarei convencê-lo a não fazer isso, mas não há nenhuma necessidade de sofrer tanto. Você não gostaria de se sentir mais confortável e em paz agora mesmo?

Ele disse que sim. Fui até a cozinha e voltei com um saco plástico de lixo. Rasguei a lista que havia feito e coloquei os pedaços no saco.

— Lloyd, eu quero que você pense que tudo o que está neste saco é lixo. Para se livrar da dor, você só tem de seguir uma regra. Você pode pensar sobre qualquer assunto que estiver no saco de lixo, mas, para fazer isto, terá de pegar a tira com esse assunto e segurá-la em sua mão enquanto estiver pensando. Quando achar que pensou o suficiente sobre o que estava escrito naquela tira, coloque-a de novo no saco.

A história teve um final feliz. O ato de apanhar conscientemente um pensamento e recolocá-lo no saco permitiu a Lloyd sentir momentos de reflexão. Ele percebeu que os sentimentos de desolação desapareciam e se deu conta de que ele era o único responsável por suas dores. Foi o empenho em fazer conscientemente o exercício que o salvou.

> Não se preocupe com a maneira certa de procurar orientação ou pedir ajuda. Quando um pedido de paz vem do fundo do coração, a paz sempre será providenciada.

Para se livrar do impulso suicida, Lloyd tinha de estar consciente de seus sentimentos autodestrutivos. Como falava abertamente de sua intenção suicida e aceitou que alguém o ajudasse, Lloyd tinha perfeita consciência de seus sentimentos. Ele conseguiu identificar os pensamentos por trás de suas emoções e, com isso, conquistou a opção de liberar ao mesmo tempo pensamento e sentimento. Lloyd aprendeu a "mudar de canal," passando da camada superficial dos pensamentos para a camada mais profunda e serena, da primeira mente para a segunda mente.

Nessa viagem em direção à integridade, o perigo é subestimarmos a capacidade de destruição de nossa mente. Muitas coisas que acreditamos ser benéficas ou não fazerem nenhum mal real mais tarde se mostram péssimas decisões, como os julgamentos sobre nossos parceiros ou filhos. Da mesma forma, jamais devemos combater o nosso ego. Fazer isso é provocar ainda mais confusão e caos em nossas mentes. Confrontar nosso ego só o torna mais real, quando, na verdade, ele só existe porque permitimos. Repito e torno e repetir: devemos esclarecer o que queremos até eliminarmos totalmente os conflitos.

Ficando livre dos pensamentos dispersos

Despertar não é morrer, muito menos atingir um estado espiritual exaltado. Trata-se de um processo gradual, no qual aos poucos passamos a pensar e agir por meio da parte da mente tranqüila, suave e profundamente conectada a tudo e a todos. Nossos pensamentos se tornam mais naturais, a percepção mais reconfortante, as ações menos impactantes — enfim, nos sentimos e nos tornamos cada vez mais reais.

Conforme este processo continua, até mesmo o quadro de fragmentação que nos circunda começa a refletir a unidade. Agora, ele contém prazer, não mais um castigo. Você estará cada vez mais consciente, saberá se os seus pensamentos estão dispersos ou inteiros, ou se estão na primeira ou na segunda mente.

Este é um objetivo bastante modesto, que permite claras opções: conhecer a inocência ou a culpa, a felicidade ou o medo, a unidade ou a solidão, a flexibilidade ou a rigidez, a paz ou o caos do ego? Se a resposta for a integridade, restará apenas uma questão: "Estarei preparado para escolher a integridade neste instante — *nesta* situação, durante *esta* atividade, diante *deste* problema, tarefa, tragédia ou distração menor?"

JOGOS MENTAIS

A mais poderosa de todas as forças do ser humano — a mente de uma criança de dois anos — prova o que pode realizar um enfoque único, exercido no presente. As crianças de dois anos vencem as batalhas de vontade com os pais porque estão concentradas, enquanto os pais não se prendem a um determinado objetivo por mais de alguns momentos.

Muitos adultos se surpreendem que as crianças pequenas sejam persistentes e consigam o que querem. A diferença básica é que os adultos estão sempre em conflito, as crianças pequenas não. Até mesmo idéias que podem unir a mente das pessoas em torno de alguma questão da vizinhança, da escola ou mesmo idéias que podem levar uma nação à guerra nunca duram muito. Assim que aparece um aliado melhor, uma questão mais "quente" ou um inimigo mais formidável, os sentimentos de união se evaporam rapidamente. Somente uma idéia espiritual une a mente de modo permanente, porque só ela está baseada numa verdade duradoura.

O DESAFIO OU O PRÊMIO?

Nosso filho Jordan resolveu jogar tênis quando estava com doze anos. Teve bons professores, se esforçava duramente e progrediu muito depressa. Um dia Mark, o professor, teve de cancelar uma aula. Consegui um profissional chamado Benny para substituí-lo. Benny queria que Jordan desse trinta saques consecutivos sem que nenhum batesse na rede. A meta era difícil para um menino que estava jogando havia apenas dois meses.

Enquanto fazia a primeira série de trinta saques, Benny comentava e mostrava os erros a cada vez que a bola batia na rede. Jordan não conseguia dar trinta saques sem que cinco batessem na rede. Por fim, Benny parou o treino, puxou uma nota de dinheiro, colocou-a na linha de saque com uma caixa de bolas em cima, e disse:

— Se você acertar as próximas trinta bolas entre a linha de saque e a linha de fundo — sem deixar uma única bater na rede, a nota que está debaixo da lata é sua.

Jordan acertou os trinta saques sem um único erro. Benny apanhou a nota e foi até Jordan:

— Como você pode ver, está é uma nota de um dólar. É sua, mas não pense que você acertou só porque pensou que ia ganhar uma boa grana. Você acertou porque tinha um objetivo em mente.

Nossa tendência é pensar que o cerne de um problema é uma situação específica ou nossa relação com uma pessoa, mas a verdadeira dificuldade são as nossas convicções. Não importa a forma que venha a assumir, esta certeza bloqueia a nossa liberdade.

Liberdade para o corpo

Vivemos em batalha constante com nosso cabelo, nossos dentes, pele, unhas, células de gordura, tamanho do nariz, altura, forma e idade. Quanto mais nos aprofundamos no corpo, mais reclamações surgem: seios horríveis, intestinos que se comportam mal, costas doloridas, joelhos traiçoeiros e juntas mal-ajambradas. Sem contar as lutas de vida e morte com nossos órgãos vitais, sistemas imunológicos e química do sangue. Eu poderia ir em frente, mas é uma história que começa a ficar assustadora.

As pessoas têm medo e desconfiam de seu corpo, sentem-se traídas por ele e às vezes até o odeiam. Abrir mão desses pensamentos perturbadores é o único caminho para uma mente pacífica. Muitas pessoas só ficam em paz com seus corpos no momento em que estão morrendo — mas por que esperar até lá?

Libertação 20

Tempo sugerido: 1 dia

A. Tire as suas roupas e fique de pé na frente de um espelho, se possível um espelho de corpo inteiro.

Observe como é difícil fazer isto. Quais são as suas emoções? Você tem medo do que vê? Culpa? Vergonha? A sua mente está agitada, tentando pensar por que esta sugestão é equivocada, ruim ou perigosa? Uma criança pequena seguiria esta sugestão sem hesitar.

B. Começando pelo alto de sua cabeça, passe para a testa, as sobrancelhas, olhos — e assim por diante até os dedos dos pés. Olhe bem para o seu cabelo (ou sua careca) até sua mente se acalmar. Se ajudar, diga algo como: "Isto é só cabelo. É o meu cabelo de hoje. Não tenho o mesmo cabelo de dez anos atrás. As pessoas em geral têm cabelo, por acaso este é o meu." Enquanto isso, preste atenção às ansiedades, associações ou quaisquer outras idéias e convicções negativas que você tenha sobre o seu cabelo. Fale em voz alta, se isto ajudar a identificar os pensamentos.

C. Diga então para si mesmo: "Estes são os meus pensamentos. Será que desejo andar por aí com todos esses pensamentos sobre o meu cabelo."

D. Repita B e C com as outras partes de seu corpo.

E. Agora que os pensamentos fragmentadores sobre o seu corpo foram desvendados, comece novamente do alto da cabeça e vá até os pés e, como antes, resgate pensamentos de gratidão e apreciação para cada parte que olha. "Obrigado, cabelo, por me aquecer, por agüentar pacientemente todos os produtos químicos que sem pensar despejo em você...", "Obrigado, testa, por proteger o meu cérebro, por mostrar surpresa ou preocupação quando necessário...", "Obrigado, sobrancelhas, por evitar que a água escorra nos meus olhos, ou por me dar um olhar sério...".

Você quer ver *sinceramente* o quanto seu corpo sofreu por você: como ele tem sido um bom amigo, o quanto ele não tem culpa dos genes que herdou, dos acidentes que agüentou, assim como de todas as outras forças externas, da gravidade aos raios do sol, que suportou. Você tem todos os motivos para sentir afeto pelo seu corpo e tratá-lo com delicadeza. Por que, então, dizer que não é "espiritual" pensar no corpo? Ter uma relação saudável com seu corpo não prejudicará em nada a sua espiritualidade.

F. Decida que daqui para a frente você tratará muito bem o seu corpo e, acima de tudo, pensará nele com alegria.

Eliminando os pensamentos D

No contexto deste capítulo, mostramos como eliminar os pensamentos D e permitir que nossas mentes se tornem íntegras. Já aprendemos a trocar da primeira para a segunda mente, eliminando a resistência à unificação da mente. Como sabemos que a origem de nossa resistência são os pensamentos D, os chamados pensamentos desencadeadores, agora é partir para a etapa final de libertação.

Todos os pensamentos D podem ser comparados a plantas com profundas raízes e brotos verdes promissores. Imagine que as *raízes* se estendem pelo passado e os *brotos verdes* remetem aos benefícios que imaginamos receber, se acreditarmos nisso, é claro. Às vezes é particularmente desagradável reconhecer ou admitir esses pensamentos pelo que eles revelam sobre nós. Digamos que você é uma dona-de-casa e está ouvindo seu marido falar sobre como seria bom estar em seu próprio barco. Subitamente, você é inundada com pensamentos irritados sobre como seu marido é irresponsável. Como ele poderia estar pensando em gastar tanto dinheiro, quando vocês dois acabaram de discutir a dívida do cartão de crédito? Você tem algumas opções:

- Pode gritar com ele e logo se meter numa longa discussão.
- Pode pedir explicações sobre como poderia estar pensando em comprar um barco num momento como esse, o que permitiria que ele dissesse que não estava pensando em comprar nenhum barco.
- Pode repetir um mantra de proteção: "Deus me protegerá de meu marido. Deus me protegerá de meu marido..." — ou

"No fundo, o meu marido é uma boa pessoa. No fundo, meu marido é uma boa pessoa..."

- Ou... você pode examinar minuciosamente o pensamento em si.

Comece perguntando a si mesma: "De onde tirei a idéia de que meu marido é irresponsável?" Pense no que ele já fez no passado, no que a levou a acreditar que ele compraria um barco sem sua concordância. Você na verdade não acredita realmente que ele faça algo assim. O que pode ter acontecido é que você não levou em consideração a tendência a devaneios de seu marido. Ele está sempre construindo castelos no ar e esperando que a varinha mágica os transforme em realidade. É difícil admitir mas, na verdade, os devaneios são parte do que adora nele.

O que você não suporta é a distração que esses sonhos provocam. Muitas vezes essa distração impede que ele escute o que você diz ou perceba as suas necessidades. Mas como você mesma já se flagrou fazendo a mesma coisa, talvez esteja vendo em seu marido uma versão da sua própria distração.

Ao ir mais fundo na questão, você lembra de uma história que escutou na infância, de que a família perdeu tudo com a falência da empresa de seu pai. A idéia de que você poderia estar com raiva por ter perdido um estilo de vida que jamais experimentou parece muito improvável, mas algo faz você reagir exageradamente a questões de dinheiro.

Pergunte a si mesma que influência a desconfiança em seu marido tem fisicamente sobre você. Você observa que se sente mais ansiosa, que sente uma certa dorzinha de barriga e que seus ombros estão bastante tensos? Vá além e investigue como isso influenciou seu casamento e o relacionamento com seus filhos. Volte agora sua atenção para os brotos verdes promissores e questione que recompensas, benefícios e resultados obtém continuando a desconfiar de seu marido. De cara você percebe que suas demonstrações de desconfiança deixaram seu marido tão enfurecido que ele chegou a tomar decisões erradas, algumas relativas a finanças.

Examinando mais detalhadamente suas emoções, você observa que uma parte de você na verdade gosta quando ele faz algo irresponsável. Será que você se sente superior porque ele agora lhe "deve uma", ou porque isto lhe proporcione carta-branca para sair do casamento?

No final desse processo (que poderá levar horas ou até semanas), talvez você chegue à conclusão de que sua desconfiança indica um profundo empenho em perdoar seu pai e também um boicote a uma pessoa que significa tudo para você. Agora que o pensamento veio à tona, resta-lhe assumir uma posição firme e consistente em relação ao seu amor e apreciação por seu marido. Veja como funciona:

- O pensamento D virá à tona repetidas vezes, porque é um alicerce do seu ego particular. Contudo, se você *realmente* fez o seu trabalho de conscientização, ele não mais assustará, confundirá ou perturbará você. Ao contrário, você achará o pensamento D bastante engraçado.

Não existem os egos perfeitos. Nem há uma razão para isso. Por que você desejaria aperfeiçoar um companheiro imaginário? Gostaria de livrar-se dele? Certamente não. Da mesma forma, não há necessidade de fazer um projeto de seu ego e tentar aperfeiçoar uma identidade imaginária. Bastará enxergá-lo claramente, para ver que você não o quer, não precisa dele, mas também não precisa temê-lo.

- Sempre que o pensamento D vier à tona, examine-o até identificá-lo. Depois se pergunte: "Quero ferir (seja lá quem estiver em seu pensamento) agindo segundo este pensamento?"

Ao fazer essa pergunta, você estará se ligando aos seus verdadeiros sentimentos, sua verdadeira mente. *Sentirá* compaixão pela pessoa e *saberá* que não deseja nenhum mal. Ou seja, o pensamento foi descartado.

- Se em algumas ocasiões você sente tanta raiva da pessoa que a única resposta sincera é que realmente *quer* feri-la, então pergunte a si mesmo se esse pensamento D é a parte que você deseja ampliar, alimentar, desenvolver. Não hesite: repita mentalmente que não deseja que essa parte se desenvolva e que não agirá segundo o que ela diz.

Como todo mundo sabe, a teoria, na prática, é bem outra. Encarar um pensamento D sem sentir algum medo ou confusão é tarefa para poucos. Essa confusão pode durar muitas semanas ou meses, dependendo do quanto o pensamento estiver enraizado. No entanto, a cada vez que você se recusar a obedecer a um pensamento D, reduzirá o seu medo. Este processo gradual é a maneira mais comum de se livrar deles.

Contudo, se você identificar o mal que o pensamento D causou, mas decidir conscientemente encená-lo repetidas vezes, ele ganhará imenso poder. Não caia na tentação de prejudicar os outros ou você mesmo "só um pouquinho". O preço a ser pago é um imenso retrocesso. A esta altura, depois de ter se dedicado a várias libertações, você já tem uma boa idéia dos seus pensamentos D. Também já deve ter percebido que, no fundo, eles estão relacionados ao medo e à dificuldade de perdoar. A meditação guiada é mais uma maneira de liberar esses medos, mágoas e amarguras que se acumulam em nossas mentes.

Libertação 21

Tempo sugerido: 1 dia ou mais

- Escolha uma pessoa sobre a qual você freqüentemente pensa com sofrimento ou raiva. Imagine essa pessoa de pé na sua frente. Faça-a parecer o mais "real" que puder, imaginando a maneira como ela habitualmente se veste, caminha, seus gestos, etc. Enquanto examina essa pessoa, lembre-se das coisas negativas que ela fez e de seus pontos fracos e características destrutivas. Certifique-se de incluir qualquer pequena traição ou qualquer outro aspecto negativo que ela tenha feito diretamente a você.
- Em vez de brigar, julgar ou rebaixar seus pensamentos negativos, primeiro dê-lhes toda a rédea para conseguir enxergá-los claramente. Pergunte ao seu ego o que ele gostaria de fazer ou o que aconteceu a esta pessoa. Procure quais são suas fantasias de "justiça" ou compensação. Diga a essa pessoa: "Você merece..." ou "Se estivesse nas minhas mãos, você..." Pense em todos os detalhes que puder sobre todos os castigos que puder imaginar. Se conseguir expandir a sua fantasia de vingança até se tornarem divertidas, melhor. Se não for possível, continue elaborando os detalhes até ter a sensação de que explorou por inteiro tudo o que sente.
- Continue examinando esta pessoa até entrar num estado de calma. Imagine uma pessoa que represente o amor, a paz e a coloque de pé diante desta pessoa. Inunde-a com uma luz brilhante.
- Termine o exercício estabelecendo um objetivo único: pensar sobre esta pessoa em paz. Isto não significa *gostar* ou compreender a pessoa, nem fazer com que ela goste de você. É apenas permanecer em paz sempre que esta pessoa vier a sua mente.

Libertação 22

Tempo sugerido: 1 dia ou mais

Todos nós exercitamos e alimentamos a nossa infelicidade por meio de incontáveis pensamentos ao longo do dia. Basta ter consciência de como e quando fazemos isto para que a porta da liberdade se abra. O texto a seguir ajuda a fixar as idéias principais:

> Eu, somente eu, escolherei o que corrói minha atitude e complica a minha vida. Vivo com as decisões que tomo a respeito de tudo e de todos à minha volta. Eles significam muito para mim. Um dia nublado não é mais do que um dia nublado até que eu resolva o que ele esconde e decida que humor terei. Um pouco de dinheiro a mais é apenas um pouco de dinheiro a mais até eu decidir que devo mostrar sinais de tê-lo. O adolescente que tenho dentro de mim é apenas uma criança até que eu o interprete como "manipulador". Agora meu lar mental está decorado com os mesmos tons infelizes.

Anote qualquer conclusão pessoal que passar pela sua cabeça. Agarre-se a uma única idéia:

> Eu vejo o que decido e reajo como prefiro.

Nove

O caminho do conhecimento espiritual

Todos os dias aceitamos as sensações e os pensamentos do ego como se fossem nossos únicos pensamentos e sensações. Embora nosso ego seja a representação das lições que acumulamos durante os anos de formação, reagimos a elas com a força de nossa essência e individualidade — da maneira como nos "sentimos" em relação às coisas. Se usamos de sinceridade, admitiremos que esta parte de nós é nossa professora e guia. Não se trata de um caminho espiritual, mas sim de uma trilha exclusiva para o ego. Evidentemente, não somos exatamente o que nosso ego representa — nossos demônios interiores, o "ser" mortal, a mente sonhadora e a mente ocupada —, mas a cada dia fica mais claro que vivemos por e para nossa identidade.

As pessoas, às vezes, optam por um caminho espiritual e conseguem isolar os sentimentos que chamam de "ego". Uma situação típica é a de quando somos promovidos no trabalho. Nos sentimos eufóricos por um ou dois dias e nem por um instante nos preocupamos se a euforia é ou não uma reação do ego. Quando, porém, sentimos inveja ou ciúme de alguém que foi promovido e entramos em depressão por um ou dois dias, rapidamente dizemos que "estas são emoções do meu ego". Quando as pessoas alegam que "isso é coisa do ego", "isso é coisa do demônio" ou "isso é conversa de bêbado", na verdade, o que elas estão dizendo realmente é: *isso não sou eu*.

Nossa tendência é ficar orgulhosos quando temos padrões que nos diferenciam dos outros: "Sou uma pessoal matinal", "Sou osso duro de roer", "Acredito em ouvir a minha intuição", "Não agüento idiotas", "Sou muito espontâneo", "Pago o preço, mas faço questão de um bom serviço". Convicções deste tipo são tão poderosas que colorem o mundo em que vivemos. Literalmente, nós vemos aquilo em que acreditamos.

Não há nada de errado em usarmos a palavra *ego* ou expressões como *impulsos sombrios*, *fantasmas interiores*. O risco é jogar a culpa nos outros pelo que sentimos, ou atribuir nossos sentimentos ao ego ou ao demônio. É bem melhor pensar "tenho impulsos sexuais destrutivos" ou "meus receios em relação a dinheiro não ajudam a ninguém" do que pedir a Deus para acabar com esses impulsos ou medos, como se não houvéssemos nós mesmos escolhido esses impulsos e medos.

> Quando convocamos as nossas convicções espirituais, ou a nossa força de vontade, para combater nossos impulsos mais sombrios, nós lhes damos vida nova.

Atribuir as nossas tendências destrutivas a algo que não somos nos leva a interromper as providências necessárias para torná-las inofensivas. Lembre-se de que qualquer pensamento destrutivo levado à plena consciência não tem mais o poder de nos assustar ou controlar. Repetir frases negativas como "Detesto as mulheres", "Desprezo os homens", "Me sinto superior ao meu melhor amigo", "Não agüento essas pestes nos velocípedes", em vez de "Meu ego está cheio de ódio (desprezo, superioridade, ressentimento e afins)", não ajuda no trabalho de conscientização.

Se fôssemos espiritualmente mais avançados, apenas daríamos de ombros às situações perturbadoras que surgem diariamente: um motorista buzina, um amigo faz uma crítica, descobrimos cupim no porão, alguém se esquece de nos agradecer, etc. Mas é preciso admitir que nossa mente oscila entre tirar proveito da situação e, quem sabe, ter algumas fantasias de vingança e admitir que estamos envergonhados, ressentidos, ansiosos e ofendidos.

Descobrir o que provoca esses sentimentos — e depois procurar eliminar os sentimentos com idéias puras em cima de idéias impuras — é a única saída quando se tem certeza de que não deveríamos nos sentir assim.

> Nosso desejo de desviar o olhar de nossos impulsos mesquinhos não é um desejo de maior unificação, igualdade ou amor. A realidade que nos perturba nos deixa apreensivos. O fato de que isto acontece a muitos nos leva a negar que isto aconteça conosco. Em suma, não desejamos ser comuns, estamos sempre entre os poucos escolhidos que não se sentem perturbados. Onde estará a integridade e a igualdade nisso?

Complicamos ainda mais a nossa tarefa acreditando que, se conseguíssemos chegar à interpretação correta, não nos sentiríamos assim. Quando um garçom é grosseiro, por exemplo, nos irritamos. Mas, se descobrimos que sua mulher e seus oito filhos morreram num incêndio, o fato serve como atenuante de seu comportamento. O que ninguém considera é que talvez o garçom seja grosseiro porque é uma pessoa rude. O fato é que as formigas picam, os touros são bravos — e nós perdoamos umas e outros.

> Se conseguíssemos perceber que todos nós cometemos praticamente os mesmos erros, talvez ajudássemos uns aos outros. Mas duvido...

As abordagens mencionadas não funcionariam se alguém percebesse o valor do perdão e realmente se dispusesse a ser generoso. Mas lá no fundo as pessoas gostam de deixar as outras pessoas com sentimento de culpa e, para isso, reviram a mente à procura do pensamento mágico que fará com que esse impulso se torne inconsciente. Se perguntássemos a nós mesmos: "Como poderei reagir ao que acaba de acontecer?", nossa mente teria a oportunidade de identificar a fonte de nossa perturbação e chegar à camada mais profunda de pensamentos por intermédio dela. Mas se dizemos: "Não quero esses pensamentos" — o que na verdade significa "Quero ser espiritualmente especial" —, nossa mente se afasta de nosso ego como a mão se afasta de uma superfície quente. E jamais temos a oportunidade de chegar a nosso âmago.

O melhor é enfeitar a nossa má vontade, sondar as profundezas de nossa arbitrariedade — fazer isso até nos darmos conta de que não somos melhores do que ninguém. Seria a situação ideal, sem medo de se sentir normal e igual a todo mundo. *Normal*, neste caso, não significa ser um "pecador culpado". Não é verdade que, uma vez que tenhamos admitido nossas falhas, começamos a mudar para melhor. Não funciona assim. A culpa é apenas mais uma forma de nos sentirmos especiais. Em vez de pensarmos que somos melhores do que outros, pensamos que somos piores — mas ainda assim diferentes.

Dizer que fomos prejudicados na infância ou que temos uma natureza corrupta e que, por isso, jamais alcançaremos aquele ponto de libertação, é apenas uma maneira de atribuir características mágicas a palavras e negar a força de nossas próprias escolhas.

Em nome da paz e da plenitude

Acredite, até Gayle e eu duvidamos do valor de uma via espiritual *da maneira como em geral é praticada*. Em nossa opinião, se o seu objetivo é sentir a integração com Deus, ser verdadeiramente útil para as pessoas a seu redor e ter uma crescente sensação de paz e unidade, uma abordagem religiosa, metafísica ou espiritual para a vida muitas vezes funciona contra esses objetivos. Não deveria ser assim, mas em geral é...

É irônico pensar que pessoas com fortes convicções espirituais muitas vezes têm egos maiores, são mais rigorosas e não se sentem tão bem quanto as pessoas que não se interessam por ensinamentos místicos. Aqueles que vestem o manto da integridade muitas vezes não têm a menor vontade de *sentir* a integridade com qualquer pessoa. O nosso ego não atua independente dos nossos desejos, porque o ego de cada um *é* aquela pessoa. É interessante observar quantas vezes alardeamos o que deixamos de fazer e criticamos em outros o que fazemos normalmente.

> Você já notou que, em geral, as pessoas que costumam dizer "...finalmente aprendi a dizer não" jamais tiveram grandes problemas em dizer um não logo de cara?

Quando pessoas de boa índole se dedicam a ensinamentos positivos, o resultado só pode ser ótimo. Isso acontece porque mesmo as pessoas cheias de boas intenções têm egos e o objetivo do ego sempre é alguma forma de engrandecimento pessoal.

Embora entrem na via espiritual pelo desejo de se tornarem boas, é comum que essas pessoas comecem paulatinamente a movimentar-se na direção oposta. A razão é que, inconscientemente, elas têm a superioridade como projeto pessoal e invariavelmente terminam se convencendo de que a atingiram.

Quanto mais tempo dedicam a conversar, estudar e discutir seu caminho espiritual, mais autocentradas se tornam. Na verdade, elas ficam até menos flexíveis e generosas do que eram antes de começar a busca pela "verdade". Em vez de experimentar a plenitude, elas aprendem como ocultar sua mente doentia, a representar o papel de espiritualizadas. Em lugar de atingir a *verdadeira* iluminação, elas se tornam pessoas "espiritualmente corretas".

Os que se consideram normais e iguais, conscientes de suas inúmeras limitações, simplesmente não se permitem acreditar que um dia descobrirão verdades espirituais que ninguém mais conhece. O ego prevalece em relação aos esforços espirituais como num círculo vicioso: no mesmo dia em que você busca um caminho espiritual, o seu ego também se engaja, e para cada motivo espiritual que você tem, também existe um motivo do ego. Não é razão para ter medo, mas para estar muito alerta.

Pessoas com egos já pacificados não parecem ter qualquer interesse em se comparar com outras pessoas. De modo geral, têm vidas simples, comuns, sentem-se bem em qualquer lugar e, no cotidiano, emanam bem-estar e paz. Seu tempo normalmente é dedicado a coisas sem importância e seus corações a pessoas "sem importância". Não têm nenhum conceito inflexível ou hábitos rígidos, nem há nada de extraordinário nos assuntos de suas conversas. É fácil agradá-las e, em geral, estão felizes por nenhuma razão aparente. Na verdade, elas acham divertidos e cativantes os egos dos outros.

Em busca do status quo

Até os anos 60 as pessoas não acreditavam tanto em leis metafísicas ou "princípios universais", mas sim no fluxo natural da vida. Se você fez o que é certo; se não questionou a autoridade, o seu lugar na sociedade ou a situação vigente; se não mentiu, não disse palavrões, não trapaceou, nem bebeu demais; se trabalhou muitas horas e poupou o seu dinheiro para poder transmiti-lo a seus filhos; se foi leal a seu país, à companhia para a qual trabalha, ao partido político, à universidade em que estudou; se cumpriu seus deveres conjugais... Então, tudo dará certo e em determinado momento você caminhará em direção ao pôr-do-sol.

Esta abordagem estendia-se às escolhas pessoais, como a marca do automóvel, o estilo de roupa e até o gosto em questões de música e estrelas de cinema. O essencial era manter-se afinado com o status quo, que todos mais ou menos compreendiam e com o qual mais ou menos concordavam. Culturalmente, éramos bastante coerentes. Contávamos uns aos outros histórias das recompensas recebidas pelas pessoas que "trabalharam duro" e viviam "segundo as regras" e gostávamos dos exemplos do que acontecia a quem não vivia assim.

Nossa sociedade acreditava que as pessoas sabiam como se comportar de modo que a vida funcionasse muito bem. Agora, neste início do século XXI, acreditamos que renegar "a maneira como se faz as coisas" proporciona uma oportunidade melhor para a felicidade. É preciso sentir-se livre para experimentar diferentes "estilos de vida" e formas "exóticas" de divertimento, além de estar aberto para mudar de amigos e familiares assim como se troca de trabalho, residência ou penteado.

Não apenas questionamos os valores como passamos a derrubá-los obsessivamente. Já não sabemos olhar para qualquer coisa sem ansiedade, incerteza e cinismo. Todos querem saber quais são as forças e os fatos essenciais. Ansiamos por conhecer as regras e queremos que elas nos sejam explicadas e numeradas. Felizmente, isto jamais acontecerá. O mundo simplesmente não é regido por uma filosofia, doutrina ou conjunto de regras. Admitir essa verdade tira um peso enorme e totalmente desnecessário de nossos ombros.

O essencial para a liberdade é admitir que mundo não funciona, em vez de continuar em busca da fórmula mágica.

Há quem tenha descoberto as leis da felicidade e do sucesso — mas por que, afinal, desejaríamos essas leis? A única regra da vida mais ou menos estabelecida é que, estando relaxados e flexíveis, somos felizes — sendo rígidos e controladores, somos infelizes. Portanto, é importante nos *desapegarmos* de nosso anseio em fazer as pessoas se comportarem à nossa imagem e semelhança.

Observe que o momento em que você se torna infeliz normalmente é o momento em que você tenta controlar a outra pessoa.

Em geral as pessoas têm a ilusão de que conhecem as peças que constituem o quebra-cabeça de sua vida. Elas acreditam que algumas estão tranqüilamente no lugar, mas até mesmo as que pareciam estar mudam de forma e já não cabem mais. Outras flutuam fora do alcance e, além disso, estão sempre surgindo novas peças. Uma das muitas razões pelas quais jamais alcançamos o lugar onde tudo está exatamente como desejamos é que todas as realizações existem por comparação. Cada nível de realização se apaga diante do desfile ininterrupto de novas comparações.

Você poupa o seu dinheiro e consegue um carro melhor – mas por quanto tempo este será o "melhor" carro? Você troca o seu marido ou mulher por um(a) melhor — mas por quanto tempo será o(a) "melhor"? Você se esforça loucamente no *spa* e entra em melhor forma, mas não permanece na "melhor" forma na sua mente nem na mente de ninguém...

Momentos de decisão

Se a nossa mente não fosse flexível, estaríamos limitados aos velhos medos e anseios. Se já decidimos quem merece ser amado e quem não merece o nosso amor, é porque bloqueamos a experiência de uma paz abrangente. A mente é a porta para o coração. Ela pode fazer com que a entrada seja complicada ou simples. Depende de como a usamos.

Somos livres para mudar a nossa linha de pensamento, a nossa orientação mental, a nossa percepção da realidade — basta querer. É tão simples quanto agarrar com firmeza o volante do carro e olhar para a estrada, ou pousar a mão no volante e olhar para a estrada. A estrada continua sendo a mesma, mas podemos dirigir com esforço ou sem esforço.

Os pensamentos que criticam cada característica superficial de nossa personalidade, ou da personalidade dos outros, se movimentam lentamente, como se estivessem pouco à vontade. Por outro lado, os pensamentos que assimilam cada pessoa em sua integridade e as compreendem rapidamente são ágeis e leves. A mente aberta promove a paz, seu objetivo é pensar qualquer assunto com desembaraço.

Podemos escolher o que dizemos e fazemos. Você talvez tenha chegado a um ponto em sua vida em que pode achar engraçado observar esses momentos de decisão: levantar agora ou desligar o despertador, o que vestir, o que comer no café da manhã, como reagir ao motorista que não viu o sinal mudar de cor... mas você já conhece o caos do mundo e sabe que aguardar em paz e observar com interesse o que virá a seguir é a decisão mais sábia.

As escolhas são determinadas mais por nossos desejos profundos e menos pela decisão consciente. Quando o coração tem como propósito a integridade e a união, as escolhas exigem menos esforço, são mais automáticas. Isto se torna especialmente visível quando começamos a sentir uma integração espiritual mais profunda com as pessoas que nos rodeiam. Os pais, por exemplo, talvez se perguntem por que continuam a fazer sacrifícios intermináveis pelos filhos. Talvez até se censurem por serem tão condescendentes, mas continuam se sacrificando. A simples hesitação lança-os imediatamente no conflito e no sofrimento emocional.

Naturalmente, a psicologia despreza esse tipo de sacrifício — que é classificado como doença. Diante desta perspectiva, Jesus, Gandhi, Martin Luther King Jr., hoje, seriam tachados de psicóticos. No entanto, esses homens não eram ingênuos e, com certeza, não eram loucos. Eles seguiam uma via espiritual, não uma trilha mundana.

> Nosso progresso espiritual é indicado por nossa vontade de parar de perder tempo com as futilidades de nossa vida pessoal. Isto nos permite enxergar o relacionamento que, aliás, sempre esteve ali – nós é que não percebemos.

Questões como as seguintes podem ajudar a nos concentrarmos no item "Mudar não é menos espiritual do que não mudar":

O que complicará menos a minha vida?
Qual é a minha idéia de tranqüilidade?
Isto me ajudará a apreciar mais as pessoas a quem amo?
Sinto algum conflito em relação ao que fazer? Então... é melhor esperar.
Que decisão provocará menos questionamentos no futuro?

SEM PRECONCEITOS

Quando o encontrei, Poppie tinha quatro anos e ainda não falava. Um ano antes, ele fizera uma operação para soltar a língua presa e, embora seus olhos brilhassem com inteligência, ele ainda estava na fase pré-verbal de uma criança de um ano. Tagarelava sem parar, mas numa algaravia sem sentido.

Seus pais, ambos preocupados com as carreiras profissionais, o mantinham em quartos cheios de brinquedo, mas sem a presença de outros seres humanos. Como Poppie se aproximava da idade de entrar na escola, de repente passaram a se preocupar com a idéia de que o filho não fosse uma criança normal.

O pai era um "caçador de petróleo" — ele fazia sondagens de poços de petróleo, o que às vezes exigia passar dias sem dormir. Quando voltava para casa, em geral dormia dois ou três dias seguidos. Ao acordar, agredia verbalmente a mulher e logo voltava para os campos de petróleo.

Eles me perguntaram se Poppie era normal e respondi de um ponto de vista espiritual. Mostrei que o menino brincava normalmente e ria com freqüência. Destaquei especialmente a ligação dele com o cachorro. Os pais lhe deram de presente um filhote de pastor alemão e logo descobriram que Poppie ficava muito calmo quando o cachorro estava no quarto com ele. A empregada só tinha de limpar a sujeira do cachorro.

Embora vivesse trancado com o cachorro, Poppie escutava o pai gritando com a mãe e, mais tarde, quando conseguiu falar, me contou que há muito tinha o hábito de sair do quarto "bem quietinho" para "ver as brigas". Ele me disse que a mãe "provavelmente merecia aqueles berros". Sabendo que as poucas vezes em que ela se dirigia ao menino era para gritar com ele, eu podia compreender o senso de justiça infantil...

Poppie entrara na família de maneira fora do comum. O pai o encontrara abandonado numa cabana, dentro de um cercado improvisado. Descobriu que era o filho de uma prostituta, que todos os dias trazia comida e água para o bebê e saía. Contrataram um advogado, deram algum dinheiro para a mãe e Poppie foi adotado legalmente. Do ponto de vista do garoto, ele apenas mudou de uma forma de isolamento para outra.

Um dia resolvi pegar Poppie para um dia de brincadeiras. A esta altura ele já estava com cinco anos e falava muito bem. Primeiro fomos a um parque com escorregas, balanços e outros brinquedos. Poppie viu uma enorme caixa de areia e correu para ela. Quando me aproximei, percebi que o que à distância eu pensara serem crianças brincando era um grupo de jovens adultos com a síndrome de Down.

Eles apresentavam o rosto característico, a fala indistinta, alguns até babavam ou estavam com nariz escorrendo. Quase todos sabem que os portadores da síndrome de Down não representam nenhum risco para as outras pessoas. Na verdade, eles tendem a ser menos violentos e notavelmente mais alegres do que outros grupos. No entanto, percebi que nenhum dos pais ou babás deixavam outras crianças se aproximarem da caixa de areia, embora algumas crianças menores mostrassem o desejo de ir até eles.

Poppie brincou com esse grupo de gente barulhenta e exuberante até que eles tiveram de ir para casa. Embora tenhamos ido a muitos outros lugares considerados até mais interessantes — fomos à praia e a um parque marinho —, no final do dia, Poppie me perguntou quando poderia voltar para "brincar com aqueles caras engraçados".

Abrindo mão da perfeição

Atravessar um único dia é como estar numa espaçonave passando entre corpos celestes. Cada massa, pequena ou grande, tem sua força de atração gravitacional, e os viajantes mudam de direção continuamente. Observe como é preciso muito pouco para nos desviarmos do rumo. No entanto, há uma enorme diferença entre desviar-se ocasionalmente do rumo interior que estabelecemos para nós mesmos e escolher o caminho apontado pelos outros.

Se fizéssemos tudo de maneira diferente, mais ou menos as mesmas pessoas concordariam que também estaríamos errados. Fazer o quê? Nada? Não, isto também seria um erro — porque seria uma reação, não um objetivo. Continuaríamos sendo vítima das vozes dissonantes. Se agirmos sem nenhum senso de direção interior, o resultado não terá nenhum valor duradouro. Não poderá ajudar uma pessoa querida nem alimentar nossa alma. Jamais podemos "consertar" ou "fazer alguma coisa acontecer". Quando este é o nosso objetivo, estamos valorizando o resultado errado. A perfeição não está na maneira como as coisas acontecem. Mas podemos atuar a partir da paz, fazendo da paz o nosso objetivo.

E se fôssemos coerentes sobre o que somos, mas cheios de dúvida em relação ao que vemos? E se olhássemos para tudo com interesse de marinheiro de primeira viagem? Diríamos para nós mesmos: "Hoje terei olhos flexíveis. Estou decidido a olhar para tudo com suavidade. Não farei nenhum julgamento antes do tempo. A cada momento me lembrarei do fato de que jamais vivi *este* dia antes, que jamais tive *esta* conversa por telefone antes, jamais estive no meio *desta* multidão, jamais olhei para *este* céu, jamais tive *esta* sensação. Todas as circunstâncias são um pouquinho diferentes hoje do que jamais foram antes. Cada diferença será um prêmio que juntarei — e no final do dia serei rico em novidades."

Libertação 23

Tempo sugerido: 1 dia ou mais

Durante todo o dia, repita:

> Debaixo das minhas reações habituais está a tranqüilidade do meu coração. Debaixo do caos do mundo está a plenitude da paz.

Dez

Sem levar os problemas tão a sério

Para a maioria das pessoas, a palavra *unidade* é apenas um conceito bonito, mas não se refere a nada real. O afeto que sentimos uns pelos outros nos remete à idéia de comunhão, mas quem, entre aqueles que você conhece, conseguiu chegar lá? Lutamos por uma sensação, um indício qualquer que diminua o precário equilíbrio dos relacionamentos. Para experimentarmos uma pequena medida de amor e da emoção de fazer parte, de ser bem recebido e aceito, é preciso ponderar cuidadosamente a pequena margem de terreno comum que temos com cada pessoa.

Tentamos enfeitar essa realidade dizendo que a diversidade é o tempero da vida, mas a verdade é que a solidão continua sendo a emoção que domina o mundo. Chegamos a este mundo sozinhos, deixaremos o mundo sozinhos e, enquanto estamos por aqui, é *por nossa conta e risco*.

Muitas pessoas começaram a se sentir arrasadas e sufocadas com os efeitos da globalização, que trazem para dentro de nossa casa, por meio da televisão e outros meios de comunicação de massa, a imensidão da infelicidade e da pobreza do mundo. Essas sensações negativas agora povoam nossas noites, fins de semanas e férias. Por esta razão, começamos a ressaltar, e até a apreciar, as nossas diferenças — é o meio que encontramos de reafirmar nossas individualidades.

Aparentemente, podemos escolher entre ser mais ou menos diferentes — o amor não é uma opção. Não, porque duvidamos dele. Ao contrário. O amor é vivido nos encontros ao acaso, nas perambulações e nas tarefas que preenchem cada um de nossos dias. Quando amamos, despertamos para o amor. Quando estendemos a paz, despertamos para a Paz. Existe, na verdade, uma crescente nostalgia no coração de muita gente. O caminho é abrir mão de seus medos, suas esperanças e suas vidas além dos limites do ego. Como se faz isto? Com os pequenos milagres da compreensão, do apoio, da paciência e da felicidade.

Nesta viagem em busca do autoconhecimento, você avaliou muitas coisas — agora está na hora do seu coração e de sua mente se tornarem um só. Não duvide: a sinceridade é a força que está por trás da busca da felicidade e da paz. Convido meus leitores a darem um salto de fé.

Índice de Libertações

Trinta dias de exercício para você aprender a não levar a vida tão a sério. Nossa sugestão é que você faça os exercícios um por um e na ordem em que aparecem.

Libertação 10 (libertação fundamental)	4 dias	pág. 82
Libertação 11	2 dias	pág. 91
Libertação 12	2 dias	pág. 91
Libertação 13	2 dias	pág. 92
Libertação 14	1 dia	pág. 100
Libertação 15	1 dia	pág. 101
Libertação 16 (libertação para necessidades especiais)		pág. 104
Libertação 17	1 dia	pág. 108
Libertação 18	2 dias	pág. 113
Libertação 19	1 dia	pág. 120
Libertação 20	1 dia	pág. 133
Libertação 21	1 dia	pág. 139
Libertação 22	1 dia	pág. 140
Libertação 23	1 dia	pág. 154

Conheça os 25 livros mais vendidos da Editora Sextante

- *Muitas Vidas, Muitos Mestres, Só o Amor É Real* e *Meditando com Brian Weiss*, de Brian Weiss
- *Conversando com os Espíritos* e *Em Busca da Espiritualidade*, de James Van Praagh
- *A Última Grande Lição*, de Mitch Albom
- *Enquanto o Amor Não Vem*, de Iyanla Vanzant
- *A Oração* de *São Francisco*, de Leonardo Boff
- *O Ócio Criativo*, de Domenico De Masi
- *Mantenha o seu Cérebro Vivo*, de Katz e Rubin
- *Por que os Homens Fazem Sexo e as Mulheres Fazem Amor?*, de Allan e Barbara Pease
- *Uma Ética para o Novo Milênio* e *Palavras de Sabedoria*, do Dalai-Lama
- *Histórias para Aquecer o Coração*, de Mark Victor Hansen e Jack Canfield
- *100 Segredos das Pessoas Felizes* e *100 Segredos das Pessoas de Sucesso*, de David Niven
- *Aprendendo a Gostar de si Mesmo*, de Louise Hay
- *Um Dia "Daqueles"*, *Querida Mamãe* e *O Sentido da Vida*, de Bradley Trevor Greive
- *Você É Insubstituível* e *Dez Leis para Ser Feliz*, de Augusto Cury
- *A Vida É Bela*, de Dominique Glocheux
- *Faça o que Tem de Ser Feito*, de Bob Nelson
- *Não Leve a Vida Tão a Sério*, de Hugh Prather

Informações sobre os próximos lançamentos

Para receber informações sobre os próximos lançamentos da Editora Sextante, queira entrar em contato com nossa Central de Atendimento, dando seu nome, endereço e telefone para:

Editora Sextante
Rua Voluntários da Pátria, 45 – Gr. 1404 – Botafogo
22270-000 – Rio de Janeiro – RJ
Tel.: (21) 2286-9944 – Fax: (21) 2286-9244
DDG: 0800-22-6306 (ligação gratuita)
E-mail: atendimento@esextante.com.br

Para saber mais sobre nossos títulos e autores, e enviar seus comentários sobre este livro, visite o nosso site:

www.esextante.com.br